U0126660

從牧童到外交官

沈克勤 著

臺灣學生書局印行

序

我生長於合肥貧窮農家，童年時，媽媽在水田裡插秧，我在田埂上放牛，相映出一幅農村耕牧圖。

八歲隨母搭長江輪船到武漢，轉乘平漢鐵路火車，抵達河南漯河，與父團聚。沿途所見，處處感到新鮮，引起我的好奇探索之心。父親送我進私塾讀古書，啟發我求知慾望。十四歲進教會小學，每天讀聖經，唱聖詩，培養愛心與學習新知，課外我愛讀報章雜誌，以求瞭解世界新發生的事物。我這一生，就在這樣不斷追尋與探索中，使我經歷了人生的滄桑。

我讀初中時，抗日戰爭爆發，烽火連天。在這國家危亡人民逃難的艱險歲月裡，青年人熱血沸騰，無不激起誓死衛國的決心，與追求國家富強與人民安康的願景。在這戰爭時代長大的人，無論幸與不幸，無人能逃脫這個大時代浪潮的激盪與洗煉。

我是一個平庸的人，一生在中國這個大動亂的時代與環境中成長與探索，隨波逐流不知漂向何方。幸得愛妻任培真的鼓勵，進入外交部門，成為我終生志業。而今活過九旬，回想這一生的追尋與探索，以有涯追尋無涯，殆矣！猛回首，萬事皆空。何日歸去，無影無跡。

但我這一生，在不斷的追尋中，歷經了人生中的艱難困苦，體驗到生活中的酸甜苦辣及世態的炎涼。也是在這不斷的追尋中，逐漸了解人生的真諦，體現出人性的良知與良能，發揮出人性的光輝。

這本書，就是我這個鄉下小孩，一生追尋夢想的一鱗半爪。

在我以往的歲月裡，師長對我的教導，和親友的扶持，我在書中多有述及，對他們的恩情，我終生感念。

沈克勤　於美國金山矽谷

民國一百年十月十日　時年九旬

從牧童到外交官

目次

壹、童年放牛

我的母親程淑華，生長在安徽合肥東大圩程墩一個貧窮農家。外祖父早亡，外祖母躬耕幾畝薄田，扶養三個初齡女兒過活。我母是長女，自幼就要幫助家中打理裡裡外外的農務，在清末民初舊社會中，孤女寡母，受盡鄉鄰欺壓，使我母親自幼在苦難中，深切體悟到人情冷暖，祇有善自肆應，盡心盡力，與鄰里長幼好自相處，縱受盡冷嘲熱諷，但求活下去。

我母十八歲來歸，我家是一個破落的大家庭。尊祖養育五個男兒，我祖父是老三，養有三男一女，我父居中。全家大小數十口，住在一個大宅院中。我母是這個大家庭中的小媳婦，處在這樣眾多的公公婆婆伯叔妯娌之間，自然只能忍氣吞聲，息氣寧人。

我父本名姜仲軒，從小過繼給他的外婆家，依照家譜，改名沈訓民，住在沈福集街頭，家中人丁稀少，沒有甚麼紛爭。

我於民國十年出生於安徽省合肥縣南鄉小谷郢，是沈家重孫，小名小重（ㄓ）。是姜家長孫，又過繼給我伯父，成為伯父家長子。在外婆家是唯一的長孫。我一人挑四家煙火，家境貧寒，卻飽受寵愛。

小時候，我曾在沈福集家住過，集上只有一條街，生意清淡，有挑擔販賣日常用品。有時媽媽給我個銅板，去買糖果燒餅，吃得津津有味，迄今難忘。記得一天清晨，有人敲門，大聲喊叫，說我的祖父去世了，以後隨父母回小谷郢老家辦喪事，其他的事都不記得了。

外婆最疼愛我，我也最喜歡住在外婆家，隨我玩耍不受任何管束。外婆家住在東大圩河堤上，前面是大河，後面是水田，夏天怕我下河游水，特在我手心上用墨筆寫字，不許我下河玩水，我看到鄰里小孩在河邊玩水，非常羨慕，但不敢下水。因而我雖生長在河邊，卻不會游泳。

春耕及秋收季節，家人都在忙農事，叫我在田埂上放牛，我牽著一條水牛，在田埂上走來走去。有一天，不慎掉到水溝裡，幸被鄰人救起。

當時鄉間晚上每家都點香油燈，一個淺盞裡放著香油，用一根燈芯點燃，只能照明，不能用來做任何事。所以鄉民天黑就關門睡覺，黎明即起。因而我從小養成早睡早起習慣，而且夜間睡得很熟，使我一生受用不盡。

我記得有一年在外婆家得了傷寒，渾身高燒，不省人事，家人焦急認為沒得救了，最後外婆僱人用竹桿做成擔架，抬到數十里外一個名醫家求治，回來天天吃湯藥，經過二十一天好了，湯藥吃怕了，後來我再不敢吃湯藥了。

鄉俗每年春節，媳婦必須帶著兒女回婆家過年。每次逢年過節，我媽強迫牽著我，從圩東外婆家走回圩西小谷郢老家，一路上，我都是哭哭啼啼的不願回去。

我父年幼時在私塾讀過幾年書，結婚後，家中無田可耕，因為生計艱辛，想出外謀生。適沈家有一位叔祖，在北平平漢鐵路總局工作，我父偕堂兄沈訓安前往投靠，沈叔祖替他倆人在平漢鐵路漯河站謀到一個小職員，每天隨客車從漯河到鄭州，在車上擔任查票工作，次日再從鄭州乘車查票回到漯河，就這樣來回工作，待遇菲薄，省吃節用幾年，有了一點積蓄。

我八歲時，我母帶著我跟隨堂伯沈訓安母親及妹妹前往漯河投靠父親。我們從未出過家門的鄉下四個老少，從合肥搭乘小輪船先到蕪湖，再改乘大客輪，循長江西上漢口，我還記得船到九江靠岸時，上來許多販賣瓷器的小販，我看到一個玩偶，很想買來玩，媽媽沒錢不許我買，感到很失望。隔了一夜，船到達漢口，我們上了岸，看到許多壯漢，前來為旅館搶客人，我們老小四個人緊抓著行李，生怕被他們搶走，就在這人群荒亂中，看到沈訓安堂伯前來迎接，把我們安置在一個客棧中。晚上帶我去澡堂洗澡，沿途高樓大廈，路燈明亮，如同白晝，我恍如進入繁華的花花世界，無處不引起我的好奇心。次日乘平漢鐵路北上，傍晚安抵漯河，父親在車站東邊租了兩間民房，成了我的新家。

貳、八歲啟蒙

一、私塾

父親看我八歲還未唸書，立即把我送進附近一家私塾，老師是一位前清廩生，同學有十幾位，都比我年長，我從《百家姓》讀起，一直唸到《三字經》、《千字文》。

後來，父親情商一位同鄉張靜濤先生教我唸四書，張師在鐵路局任文書，工作清閒，一座兩層樓的辦公室，鐵路員工白天都在車站上工作，很少人坐在辦公室裡，張老師的辦公室在二樓前面，我在中間一間空房裡，坐在一張桌前唸書。張老師教書很嚴，規定上午熟讀「古文觀止」一篇文章，中午寫大字兩張，小楷三百字，下午背誦一本四書中的論語、大學、中庸或孟子，傍晚吟誦一兩首唐詩，每天如此，從無假期，其中最難的是當面背誦四書，例如今天背誦全本論語，明天背誦大學，輪流背誦，我必須記得滾瓜透熟，溫書時間都來不及。當老師面前背書時，稍有遺忘，便被挨揍，老師用拳頭打我後腦，我的後腦一直到今天還有個大皰，我認為是被張老師打成的。

有一天張老師出差，臨走前，規定我每天要照常寫大小字。小孩子貪玩，看到老師出差了，我便偷著到火車站玩耍，張老師回來要看我每天寫的大小字，我只好拿著過去寫的字交差。張老師一看新寫的和舊的墨跡不同，知我在搪塞，要用木板打我一百下手心，打得我兩手心紅腫，我回家痛哭，我媽愛兒心疼，但又不敢和張老師明講，還說老師管教得好。

我父親對我管教更是嚴格，我小時貪玩，夏天常到池塘邊捉蜻蜓，我父親看到，怕我落水危險，將我拉回家罰跪挨揍。大熱天，我常去樹林裡捉知了，父親看到了也被打，晚間，我常到荒野捉蟋蟀，父親看到了也被打，傍晚我喜歡聽一位老人說書，講「七俠五義」的故事，忘記回家吃飯，也會被打，幾乎每天被打。一天，我被打之後，不想活了，出家門想去自殺，走到外面，不知看見什麼好玩的事，就把自殺的念頭忘了。等我長大之後，我覺得父親管教太嚴，我一生做事都放不開，因而我對小孩，從不打罵，認為打罵管教，會傷害父子感情，並約束了兒童自由發展的天性。

我記得幼時物價非常便宜，清晨母親常叫我到市場買菜，給我三四毛錢（一毛等於十分銅錢），我會買回一籃魚肉蔬菜，夠全家一天吃用。當時一元錢可買一百粒雞蛋，魚肉一斤只要一毛多錢，日常生活比在合肥鄉下好了很多。

二、教會小學

十四歲秋天，父親送我進美國安息日會辦的三育學校小學四年級唸書，校址設在漯河南岸，距家約有五六華里，吃住都在學校裡。教會學校管教寬鬆，我好像從鳥籠裡飛出去的小鳥，可以在天空中自由翱翔。學校前面有一個大教堂及一座大醫院，和校舍連在一起。小學三四年級全班上課，韓更生老師教國文、算學、史地，就我的中文程度看來非常簡單。我便利用課餘，翻看當時最流行的梁啟超和胡適主辦的《新青年》，和鄒陶奮主編的《新生活》雜誌。逐漸受他們新思潮的渲染，充滿了愛國反帝國主義的新意識。

三育學校遵照安息日會教規辦學，聖經是必修課，早晚生活都要唱聖詩禱告，星期六是安息日，上午全校師生整隊去教堂做禮拜，下午各班師生分別到附近各村莊去傳教，星期天才放學回家。校規不准學生喝酒、吸煙、罵人，有一錯過，便會遭到開除，因此養成了學生良好習慣。

我十五歲時，父母親離開漯河，回到合肥老家，留我一人在學校讀完小學。母親怕我沒有日用錢花，特地把她的私房錢二十塊大洋，留給房東太太，代放利息，每月我可向房東太太領取利息一二元，作為零用金。待我小學畢業，我用這筆錢，作為路費，隻身搭火車到漢口，再改搭輪船回到家鄉合肥南鄉。

我父母在圩東買了一棟房屋，我在家過了一過悠閒的暑假。到了初秋，我不知道到何處升學，我祇知道安息日會在江蘇鎮江橋頭堡開辦一所有名的高校，我就隻身前往升學，乘船到達南京，遇到一位橋頭堡學長，他說：橋頭堡學校僅收錄各地三育學校初中畢業生，不收小學畢業生，我只好回到蕪湖，聽說當地廣益中學即將招考，我去報考，幸獲錄取，否則我便失學了。

三、蕪湖廣益中學

廣益是長老教會辦的一所私立完全中學，設在長江邊的一座山上，校舍高樓洋房。學生多是有錢家的孩子，傳說學生「要想吃進廣益」，每月伙食費大洋三元，午晚餐都有魚肉，校內有很好的圖書館及籃、足球場。課後我都跑到圖書館翻閱報章雜誌，星期天我都在籃球場上打球。當地同學都較年幼，外地學生比較年長，記得南陵謝鴻軒和我是班上年紀最大的，可是我們倆人國文程度在班上最好，常得到國文老師稱許。

民國二十六年七七抗日戰爭爆發，秋初我要回校上學，這時父母親在家鄉耕田為生，收入微薄，無錢繳學費，父親把他珍貴的掛錶，給我到當舖當了十元，繳足伙食費，母親臨行親自縫製一雙布鞋，到校打球一天，把它磨破，深切體念父母苦心，在校用功讀書。全校時事測驗，我獲得第二名，得到國文老師的讚賞，還對我說：如果我沒有寫錯駐俄大使蔣廷黻的黻字，就是全校第一名。

參、流亡學生

八一三淞滬戰爭爆發，學校已感受到戰火威脅，同學亦無心讀書，上街遊行，宣傳抗戰，高喊打倒日本鬼子。晚間，我們到蕪湖火車站去慰勞傷兵，看到車箱裡滿載傷患，聽到他們痛苦呻吟，學生們無力可施，感受到戰爭殘酷。

十一月間，戰火逼近南京，學校宣佈停課，讓學生各自回家。我回到合肥鄉間，農民生活如常，到十二月二十二日南京淪陷，有人抱著門板漂過長江，到了合肥，述說日軍進南京屠殺暴行，大家感到合肥也非長安之鄉。

一、安徽第二臨中

過年期間，鄉鄰同學王國柱、吳大慶告訴我，安徽教育廳在舒城設立第二臨時中學，招收戰區學生，我們三人便結伴前往投考，歸來快到家門逢大雪紛飛，黑夜看不見路途，我們三人被迫敲開農家大門，說明情況，屋主允許我們借宿一宵。

二月初等到學校放榜，我們三人均獲錄取，乃結伴步行，到舒城入學。學校設在舒城西南郊伏虎寺廟宇中，校舍寬廣，有兩層樓房做為教室。校長是顧訪白，教務主任是黃彥平，教師都是從各校羅致來的好老師，但是這時敵機常時飛臨，每聞警報聲響，師生都四處逃散，不得安心上課。五月十一日下午三架日機來臨，在舒城上空投擲炸彈，看到全城冒出大火，房舍全被燒毀，自此之後天天有日機警報，學校已不能正常教學。每天早起，教師領著全班學生，到田野樹林裡坐臥在草地上講課，學生也無心聽課。到了夏初，徐州失守，我看到公路上都是成群結隊的難民，攜家老少向南方逃難，我想看到有無家人逃出，人民揹老攜幼逃難的悲慘狀況，迄今都忘不掉。這時學校當局為顧及師生安危，決定搬遷學校至城西山區曉天鎮，師生編隊走了兩天始到，分散借住寺廟及祠堂，初中部住在迎水庵。曉天有一條溪水通過街道，風景秀麗，山居生活寧靜，未受戰爭影響。學校開始上課，未過多久，六月九日，舒城淪陷，學校奉命西遷。師生忙著整理行囊，不能帶的沉重衣物書籍，衹好捨棄，有人準備一根竹桿，肩挑衣物，有人用揹包揹著書物，學校將學生按照班次編隊，高中學生受過軍訓，每人發給一枝步槍，作為護衛隊，保衛女生隊前行，初中部編為一隊，我被指派為前哨，每天清早提前出發，安排下一站停留時同學的食宿。

二、穿越大別山

六月二十五日清晨，全校師生編隊依序出發，同學們充滿悲愴心情，高歌抗戰歌曲。整隊穿過街道，鄉老出來目送，有點不捨。走出曉天街道，便是山路，越走越高，又是炎熱夏天，艷陽高照，同學便七零八落，走不動了，倒在樹下，沿途掉棄了許多書物，我看到這種情形，心想不知道流亡到何方？

我們走的這條山路，是大別山區通往後方唯一的必經之路，前些日子，已有撤退的軍隊從這裡走過，沿途食物已被吃盡一空，待我們通過時，鄉民已無餘糧。一天，我們只買到一點麵粉，用水煮成麵糊，同學編成八人一桌，分得一洗臉盆麵糊吃，有的同學面對這種情況，不禁放聲哭泣。

行行復行行，我們這群學生終於走到長江邊的團風，星夜搭上一隻小輪船，當輪船開駛，同學們又興奮起來，高唱抗戰歌曲，聲震雲天。次晨，船靠武昌岸邊，我們上了岸，找不到住處，同學們就露宿黃鶴樓上。

次日，天還未明，我被高射砲聲驚醒，抬頭一望，滿天火星點點，我疑是敵機，心想這下完了，稍待一會，高射砲火消失，才看到轟轟來臨的日機，仰天而望，成隊日機正在我們的頭頂上，突然轟隆聲響，看到砲彈落下，心想這下真完了，所幸炸彈落在對岸武漢兵工廠，看到煙火冒起，我們算是逃過一劫。

後來我們借住在安徽旅鄂中學。一天，安徽教育廳長方治先生前來宣佈：安徽逃出來的學生，全部遷至湘西川東各縣，分設五個初中部，三個高中部，一個師範部，一個女生部，校本部設在所里，我們二臨中初中學生分在初五部，校址設在川東秀山。

這時武漢成為軍政中心，前方撤退下來的各機關人員，各地方逃出來的難民，麕集於此一地，到處顯得一片慌亂，沒有上次我經過武漢時的平靜氣氛。我們在武昌住了十幾天，我曾乘渡輪到漢陽兵工廠看被炸的情況，也曾去漢口租界，窮學生只是去逛街，看看人來人往的街道上的風光。

三、湘川道上

我們乘船循江西上，經過赤壁，到達岳陽。我們上岸，登岳陽樓，觀賞風光。輪船穿過洞庭湖，到達常德。我們上岸分住在民家，當地民風純厚，對我們這群流亡學生，善加款待。當時常德尚未受到戰火波及，物價低廉，我們每月三元的伙食費，每天可以吃到魚肉。

在常德休息數天後，我們再度出發，沿著京黔國道步行，走到桃源，我們曾一遊桃花源，場景與陶淵明所寫的「桃花源記」文中所記相彷。時值盛暑，我們乘夜間涼爽而行，真是年輕膽大，不知畏懼。走了數天，到達沅陵，我們在這裡，稍事休息幾天。傍晚時分，同學們紛紛到沅江邊戲水，當時我不會游泳，走到水深處，我心中一驚慌，忙著划水上岸，這時我手指帶著我媽媽臨行時給我的一枚金戒指，被水沖走，水底下都是沙石，再也找不回來，我心疼不已！感覺到媽媽對我的愛心，我未能好好珍惜。

從沅陵循湘川公路西行，進入苗區，沿途人口稀少，結隊成行，有的地方找不到住宿。學校指定的目的地是川東秀山，由同學三五人自由分組成行。首站到了所里，這是安徽中學校本部所在，市鎮不大，有數十家民宅。路過時，校本部尚未部署完成。我們並未停留，繼續西行，沿途皆是高山，歇腳處祇有幾家小店，供應粗茶淡飯。路上車輛不多，行人也很少，只見挑夫挑著鹽巴（鹽做成的石塊），當地缺鹽，店家煮菜，把鹽巴掛在鍋上，需用鹽時，便把鹽巴放下鍋中泡一下，立即吊起，可見鹽是多麼珍貴。走到湘川交界處的永綏，我們停留一宵，第二天早起，趕往目的地秀山，爬了一天山路，天黑了，又逢陰雨，我一人孤單獨行，凄涼情景，傷心欲哭無淚，鼓足餘力，最後到達秀山郊外的護國寺，這是我的學校初五部校址所在。

四、秀山國立八中初五部

初五部位於秀山縣城東南三公里的平块鎮的護國寺，古廟佔地廣大，西側有一條小河流過，可供游泳。安徽中學後奉教育部令，校名改為國立第八中學初五部，國家貸給戰區學生每人每月伙食費四元，書籍文具費二元，另外還有置裝費，由學校做制服棉被等生活用品發給學生。

民國二十七年九月，初五部開學，三個班級，共有學生二百五十人左右。我已升級為初中三年級，在初五部是最高班，學生許多活動，我班都是佔在領先地位。我初到學校，主辦伙食，後來主編「皖聲」壁報，深得老師同學欣賞，年終我獲全校同學一致推舉為全校模範生。

秀山城內有一個小型圖書館，每逢星期假日，我獨自去圖書館翻看報章雜誌，尤其喜愛讀大公報的社論和記者戰地專訪，從中得到許多軍民英勇抗戰的故事，稍解內心思鄉愛國的情懷。

民國二十七年末，武漢撤守，長沙吃緊，孫立人訓練的緝私總隊第一團官兵由賈幼慧團長率領，徒步行軍，經湘西川東入黔。這支部隊軍容壯盛，行軍到達秀山，借住民宅廟宇，立即清理環境，軍紀嚴明，秋毫無犯。顧校長邀賈團長蒞校演說，秀山有一位外國天主教神父隨行，我們看到外國神父，對賈團長恭敬有加，我對賈團更加敬重。一個週日傍晚，賈團全體官兵邀請我們全校師生在河邊共餐，有魚有肉，使我們這群流亡學生大感溫暖，認為國軍部隊如都像這支部隊嚴整有紀律，抗戰必勝。我後來參加孫立人將軍的新軍訓練，是這時在我心中種下的火種。

到了民國二十八年初，已是我初三最後一個學期，暑期面臨畢業，我決心減少課外活動，專心讀書，參加畢業考試。初五部我是第一名，保送進入高一部。暑假期間，畢業生到青龍村高一部集訓。聽同學說，高二部師資最好，我去見高二部蘇家祥校長，請求轉學。蘇校長說：進高二部須先經過考試。集訓完了，我一人獨自步行到湖南永綏，參加高二部入學考試，幸獲錄取。

五、永綏高中

國立第八中學高二部設在湖南永綏（今花垣），縣城西門外的文廟，全廟範圍廣大，坐西朝東，三進院落，院內古柏濃蔭，大成殿作為學校辦公處，南北兩廡作為教室，並在兩廡外邊修建兩排長形大草房作為學生寢室，室內裝設木板床，同學排排睡在一起。當時我們家鄉都已淪陷，沒有金錢接濟，全靠少數公費，生活非常艱苦。我們都是赤腳草鞋，衣單被薄，晚上自修到深夜，赤腳放在泥土地上。我回到寢室，睡在門口，夜間冷風侵入，第二天清晨爬起，我的兩腳冰冷，經過一個冬天，我得了風濕病。開始仗著年輕體壯，毫不在意。後來天雨，我發覺膝蓋酸痛，繼而腰間酸痛，後來升至兩肩也感酸痛，最後在下雨之前，濕氣嚴重，我的頭腦感到麻木，不能思考了，這時我才發覺病情嚴重，可是戰時缺乏醫藥，又無錢醫治，成為我終身之患。後來我的腳氣病犯了，兩腿腫脹，聽說米糠可以治腳氣病，我買了米糠做成餅吃，腿腫居然消了很多。

我們晚間自修時，每人桌前放了一盞桐油燈，全室數十盞桐油燈燃起，黑煙裊繞，每個同學鼻孔都塞滿煙塵，加以伙食太差，同學八人一桌，每餐只有一盆清水煮黃豆，內中有少許幾片肉，大家睜大眼睛搶食，長久下去，許多同學營養不良，有的竟患了肺病。我看到一位瘦弱的同學，吃飯前拿著碗向廚師討點黃豆湯喝，給我留下難以磨滅的印象。

我們生活雖然艱苦，但同學們深感在戰火中尚有書讀，都非常珍惜，奮發上進。晚間自修常到午夜不歇。訓導主任沈沅湘老師常手提燈籠，到每間課室，勸同學早點休息。天明大家早起，在戶外朗誦中英文。星期假日，同學三五成群，走到山谷河邊，坐在草地上樹蔭下，研習功課。有一天，我的眼睛受到陽光刺激太久，突然視覺出現重複影像，使我嚇了一跳，以為眼睛壞了，經過一段時間閉眼休息，視力才恢復正常。到了高中二年級，教我們國文的是張汝舟老師，他上第一堂課時，開場白就說：跟我好好唸書，不但打好你們國學基礎，而且教你做人道理。他自選課文，都是歷代文學佳作，講解之後，要我們背誦，並當堂考試，指定默寫文章中自某段至某段，因此我們必須把他所講的課文，背得滾瓜透熟。

課餘，我常和一二好友到張老師家中，聽他講做人的道理。他常講宋明理學和佛經，要我們打破名利色三關。當時年輕，不知名利色為何物？他又教我們坐禪，不要空想，要達到天人合一的境界。我曾盡心學習打坐，愈坐腦中更加胡思亂想，自認為塵念難淨，但久而久之，卻影響我一生。

單滌凡老師教我班英文，他講述英文文法，非常詳盡，我們受益不淺。但是我的發音不準，一直沒有打好英文根柢，後來雖用盡心力，英文始終未有學好，這是我一生憾事。

高中三年，我專心向學，時光荏苒，很快就畢業了。我決心赴重慶參加大學入學考試。

肆、天子門生

高中畢業考試之後，我就束裝從永綏出發，第一天乘木炭車充當黃魚。我擠上車，雙腳卻沒有著落，懸掛在敞蓬車中半天，抱著衝向美好前途的熱情苦撐下去。到達龍潭，遇到河南三育學校一位老同學，他在龍潭開診所，留我在他家住了幾天，替我找到了免費汽車可乘。再走了三天，到達郁山鎮，轉搭木船，順郁江流水下，半天駛抵彭水。在彭水住了兩天，等待開船，因為烏江灘多流急，等待水位高漲時才能開船。上船時，船老板娘就告誡說：「烏江灘險水惡，先生們在船上別走動，不要妨礙老舵公的工作，求菩薩保佑，讓大家一路平安。」我們坐在船上，看木船從亂石叢中，驚濤駭浪前進，左歪右斜地風馳電掣般地奔瀉而下，心驚膽戰，不敢隨便走動，傍晚到了涪陵，我去澡堂洗去多日奔波所受的風塵，聽到大家都在談論烏江乘船所受的驚險，這輩子再也不敢坐第二次了。

涪陵去重慶，航程一百二十公里，我乘輪船溯江而上，當晚到達朝天門碼頭，乘渡輪過江，再搭公車到小溫泉中央政治學校所在地，找到老同學陶楨祺，他熱情的接待我，正值暑假期間，有許多同學離校回家，楨祺替我找到一個空床位住下，跟隨他們一起去飯堂吃飯，吃住都解決了，我便專心準備考試。

小溫泉背靠著青山，面臨花溪，風景秀麗，環境清幽，戰時有此安靜的讀書環境，真是夢寐難求。中央政校是國民黨培養幹部的學校，學生全部公費，學校免費提供衣食，畢業後，學校還給畢業生介紹工作，這最適合戰時流亡學生攻讀的學校。因此我下定決心，專考政校，今年考不取，明年再試。我下定決心之後，每天清晨即起，在花溪旁誦讀中英文，白天溫習數學史地各項功課。

記得當時正值新疆發生變亂，我在考試地理之前，曾把新疆歷史沿革、面積、人口、形勢、自然及人文地理背熟，進入考場，打開考卷，第一試題，就被我猜中，我握筆疾書，如數家珍。

考完筆試，還要面試。記得面試我的是一位國文老師，他問我讀國文的心得。我回答說：我最喜歡莊子的「逍遙遊」，並說出「逍遙遊」的精義所在，考試老師頷首稱是，使我感到考試結果有幾分把握。

考完政校入學考試之後，我面臨無處可去的困境，好友楨祺請託他的親戚，代我在重慶兵工廠小學謀好一個司書職務。我不但有了工作，解決眼前吃住的問題，而且每月還可領一份微薄薪水，供我使用。我去到兵工廠小學工作，正值暑假，學生都已放假，工作輕鬆。校內留住少數老師，我便和他們在一起開火吃飯，每天一起生活，讀書寫字，生活自由舒適。

一、考上政校

民國三十一年十月中旬，政校放榜，我幸獲錄取，心中欣喜萬分。十一月一日，我肩負幾件衣物，步行到小溫泉政校教務處報到。分配給我的學號是一二二六，因為當時我是二十六歲，進入政校第十二期，因此緣故，我能一直記著學號。宿舍分配在山腰上的草屋中，木床分上下舖。學校發給每位新生一套軍服、棉被，免費供給伙食，還每月發給零用金五元，日常生活都解決了。

第一學期，是軍事入伍訓練，我被編為第八中隊，早起舉行升旗典禮，訓練之嚴格程度與軍校相同，總教官王輔將軍，要求學生所受的軍事訓練一定要做到整齊劃一，不可有分毫差錯。他走到之處，同學都要立正相迎，不許走動，學期結束，軍事一科不及格的同學，便被淘汰退學，其嚴格要求，甚於軍校。

中央政校校長是戰時軍事委員長蔣中正，實際主持校務是教育長張道藩，校務委員陳果夫先生最關心校務，他當時任委員長侍從室第三處主任，辦公室也設在小溫泉，他常來校講話，果夫先生患有肺病，講話時攜帶一個鐵盒，盒內裝有石灰，他咳嗽，就把痰吐到鐵盒內，可以消毒。講話內容，多為他為人從政的經驗談，發人深省，深得學生愛戴。

三十二年二月一日，校長蔣中正蒞校主持十二期同學開學典禮，講述「建國與銓敍制度的重要」。隨護在其身旁有一位英俊的年輕軍官蔣緯國，他是校長的二公子，引起同學們的注目。戰時我們能在這安靜環境中，學校免費供給衣食，又有書讀，自視為天子門生。

四川是天府之國，物產富饒。這時抗戰已進入艱苦階段，全國產糧省區多已淪陷，以四川一省生產的米糧，供應全國軍民所需，已感困難，政府遂將多年的存糧，供應我校學生食用。存米多已腐敗，且摻雜有沙子、稗子等雜物，煮成米飯，其味難聞，同學難以下嚥。一天早餐，同學實在吃不下去，便把煮好的整桶稀飯，傾倒在飯廳前的路上，引起軒然大波。

這時教育長已是駐德大使程天放，總務長是政校第一期學長朱健民。程教育長平時頭戴禮帽，持著手杖，態度嚴肅，一派外交官所具有的紳士風度。朱總務長留學德國，在駐德大使館任館員，辦事認真，一絲不苟，有德國人的氣勢。午餐時，他們兩人一同前來餐廳察看學生伙食，當他兩巡視時，學生們敲打碗筷，以表不滿，在政校嚴格管理的校規中，絕不允許。後來伙食略有改善，為首同學也沒受到處分，他們兩人在處理這件風波中，倒有自由民主作風。

戰時日機常來襲擊重慶，我們聽到空襲警報聲，師生都躲進山洞裡，非常安全，而且山洞裡很涼爽。有一次日機飛臨小溫泉，投擲數枚炸彈，委員長侍從室第三處辦公室幾間房舍被毀，學校沒有受損，師生安然無恙，可見日軍消息靈通。

二、返鄉省親

這時抗日戰爭已進入最艱苦時期，全國大多數省區已被日軍佔領，遍地烽火，我們學生能在這安靜環境中讀書，時光過得很快，轉眼第一學年結束。這時我接到家書，父親說：母親念子成疾，盼我能早日回家探視。我乃向學校請假休學一年，獲准後，我便隨同成都軍校十八期畢業學生分發去安徽軍中工作。一行數十人結伴同行，一路得到他們照顧，不但安全沒有問題，而且得到很多優待，例如乘車船都享受軍人免費優待，在萬縣住了幾天，看電影也不用買票就可進場，走進山間鄉村，沒有飯館，他們在河溪中投擲炸彈，魚被炸暈，飄浮水上，可以揀來煮著吃。年輕人在一起，一路快快樂樂到達安徽境，這時大家分道揚鑣，各自走向自己的目的地。

我走到合肥境內，須通過中日兩軍交界處。我化裝成鄉下農民模樣，跟隨鄉下人一起，走過日軍碉堡時，我心裡很怕被發覺，所幸平安無事。到了曉興集，知道我家就住在裡面，內心有近鄉情怯的感覺，腳步慢了下來，走到街上，先到達我伯父米店，這時一顆懸念的心，終於放了下來。我媽聽到我回來了，匆忙從對街家中趕了過來，我一見到媽媽，抱著她放聲大哭，六年分離想念之苦，一時全被傾瀉出來。我父親在集上開了一間布店，前面做生意，後面住家。每天上午，四鄉農民前來趕集，出售他們自己耕種的農產品，換買生活必需的衣物。上午集上人來人往，市面熱鬧，下午鄉民回家耕種，集上生意清淡，也看不到日軍前來侵擾，偶然有時見到偽軍在集上持槍荷彈，耀武揚威，鄉民並不懼怕。一天黃昏時分，突聞四處槍響，我父親忙把店門關緊，不知發生甚麼事情。第二天，大家才知道是新四軍，化裝成農夫，走到集上，槍支藏在挑擔中，四面包圍集上的偽軍，搶走全部械彈，並未搶劫

作者與母親及妹妹合影

店家住戶財物。

每天晚飯之後，家人圍坐在一起，父母閒話家常，母親說到父親一天進城採買貨物，被日本憲兵抓走，關進合肥城日軍憲兵隊裡，誤認他是重慶派來的奸諜，施以毒打取供。母親得知消息，趕忙進城，向日本憲兵苦苦哀求，日本持槍趕走我母，我母挨打，死也不走，其誠感動了日本憲兵，始把我父放出，這時我父已被打得不成人形，兩人見面，相擁痛哭。說到這裡，全家又哭成一團，久久不能停止。

一天，我為好奇心驅使，隨鄉鄰去到合肥城東門外大街上，看到街上熙熙攘攘，生活照常，正在觀看，突然來了一隊日軍，整隊走過，耀武揚威，鄉鄰忙把我拉進一家商店後院躲藏起來，不久我媽聽到消息，嚇得心驚膽戰，從此以後，再不許我進合肥城，而我內心對日本更加痛恨。

自我離家，六年之久，母親念子，日日憂心，最後成為心病。後來我到重慶讀書，父母在家鄉聽到日本飛機天天大肆轟炸重慶，更加憂心，精神有些錯亂。等我回到家中，看到我之後，心病立刻消除，精神也就好了起來。

當時在合肥東南鄉一帶維持鄉間治安的有一位號稱程團長，抗戰前，他原是在招商局長江輪船上一名提壺倒茶水的工人，日軍侵佔之後，他回到合肥鄉下結幫為匪，逐漸形成一股勢力。遂在鄉間殺人放火，無惡不作，後搶佔一名師範學校畢業的女生為妻，勸他改邪為善，他投降南京偽政府，被收編為偽軍團長，佔地為王，稱霸一方，強徵稅收，魚肉鄉民。一天，我父親和伯父兩人，準備厚重禮物，攜我前往拜會這位程團長，我衷心不願意去看望這位漢奸。父親說：「他是你母親程姓家族，和他攀上關係，不但可以免除繳稅，而且無人敢欺壓我家。」我不得已，只好隨同前往。到了程團長官邸，見到他，寒暄幾句，就請我們入席吃飯，房舍廣大，擺下許多桌席，來客隨到隨坐，人坐滿一桌，即開席吃飯，大魚大肉。合肥當時是中日兩軍交界之處，我方軍情人員前往南京上海必經之路，他們路過時，程團長都同樣招待殷勤。據說：他設有兩套客房，一套招待日偽人員，一套招待重慶政府方面人員，兩面討好。

民國三十三年端午節過後一天，我父母給我一筆路費，由我伯父送我走出家門，我母已哭著說不出話來，我也沿路哭著不停，我伯父一直送我走出日軍佔領區。我到了國軍佔領區，遇到一位要去重慶中央大學升學的同學，兩人結伴到了戰時安徽省政府所在地立煌。我住了幾天，找到在省政府工作的政大畢業同學，得到他們介紹，我們隨同押送安徽壯丁到後方的廣西部隊，前往河南，途中要經過駐馬店，穿過日軍佔領的平漢鐵路。

我們一行中被徵的壯丁約有二百餘人，押送官兵約有二三十人，途中走了幾天，每到一個村莊住下來，壯丁都被關了起來，過著非人生活，慘不忍睹，而押送的官長們，吃喝行樂，對苦難的壯丁，沒有一分憐憫心，我深感這樣對待壯丁，誰還願意去當兵為國打仗犧牲。當我們走到平漢鐵路前約有三四十里路之遙，白天全隊停下來，到傍晚時用餐後出發，隊伍改成單行線，一人緊跟著一人行進，絕不許脫隊，脫隊就找不到路可走。天黑又是陰雨，大家走路辛苦，又不敢透氣，怕有聲響，被日軍發覺。等到鐵路邊，看到日軍碉堡，這時壯丁乘機四散逃跑，押隊官兵不敢鳴槍追緝，我們不敢透氣，穿過了鐵路線，走到天亮，到了一個村莊，這才停下來休息，開始早餐，大家慶幸逃過了一劫。

到了國軍駐守地區，我和同伴便自由行動，我們有車乘車，遇河有船可乘就乘船，無車無船可乘，就徒步行進。第一站我們乘車到了湖北老河口，這裡是第五戰區總司令部所在地，一片戰時繁忙情況。從老河口進入山區，俗語望山跑死馬，我們走了一天，能爬上一個山頭，已算幸運了。我們循著山間小徑，行行走走，真是天黑早歇店，鷄鳴早看天，走了十幾天，才到湖北歸㳌，這裡是長江西陵峽，改乘船經巴東、奉節，駛抵萬縣，我們在船上過中秋節，月明星稀，觀賞大江浪濤滾滾東去。次日到達重慶朝天門，下了船，我和同伴分手，各自前往自己的學校。

乘夜晚搭公車趕到學校，見到同學好友，心中萬分歡喜，三個多月旅途辛苦早已拋在腦後。十月學校已經上課，惟仍准我復學，隨堂上課，恢復平靜的學習生活。

三、青年從軍

三十三年十二月二日，日軍攻陷貴州獨山，重慶陪都震驚，人心惶惶不安，我們在校學生也受到影響，無心讀書，同學紛紛聚在一起，議論國事軍情，不知如何是好，聽說國府有意遷都西康省會西昌，但人心對抗戰必勝的信心，並未動搖。

就在這時人民不知何去何從的時候，軍事委員會蔣委員長登高一呼，號召「十萬青年十萬軍」，政校學生熱烈響應，由訓導主任徐志明領頭，當天就有三百多位同學報名參加。我的好友陶楨祺、黃永世、趙濂恭都報名參加，我因顧及家庭關係未有報名。從此之後，同學們熱血沸騰，學校充滿從軍報國熱潮，書也不讀了，從軍同學堅持去當二等兵，持槍殺敵，殺掉一名日軍就夠本，多殺一名日軍，就賺了。好友陶楨祺、黃永世、趙濂恭在入營前夕，我們聚在一起，吟詩高歌，我也湊上一句「踏碎櫻花還及早，河山重建待商量」。三十四年一月十日清晨，校中師生熱烈歡送二百一十名同學乘車離校前往青年軍二〇一師報到。當時全校充滿「風蕭蕭兮易水寒，壯士一去不復還」的悲壯氣氛。

四、勝利還都

三十四年八月十五日晚間八時左右，留校同學正在教室內自修，突然有人說日本投降了。乍聞之下，沒人相信，繼而有人說，消息是從委員長侍從室傳出來的，確實可靠，這時同學們紛紛跑出教室，有的高呼，有的鳴砲，我就拿著木洗臉盆，用棍大力敲打，這時全校歡呼高叫，熱鬧到深夜，始安靜下來。

第二天，我趕到重慶市，參加市民大遊行，慶祝抗戰勝利的來臨，遊行民眾歡欣鼓舞，盡情享受歡樂的光輝，當晚我還去看了一場話劇「日出」。次日清晨起來回校，街上看到報童，沿街跑著賣報，大聲喊著：「毛澤東下令備軍，全面接受淪陷區」。內戰頓時給勝利的曙光朦上一層陰影，我的喜悅的心情也沉了下去。

抗戰勝利之後，政府忙於接收，人民期待早日返鄉，政校亦準備遷回南京復校，因軍政機關都在忙著復員，政校奉令改在次年夏季還都，同學們抱著滿腔熱忱，希望返鄉重建家園，在重慶各大學讀書的安徽同學們，組織一個「生生學社」，邀我參加，大家課餘在一起討論重建家園計劃，我建議在合肥巢湖之濱，建一所中小學，培植家鄉子弟，得到好友黃永世贊同。在這一學年裡，同學們都在熱烈商討結伴還鄉，無法專心上學。倏忽一年匆匆過去。

到了四十五年夏，暑假開始，學校準備遷回南京，規定同學可自由組合返鄉，我和同鄉吳允祥結伴，選擇經西北公路回安徽，學校放了暑假，我們一行三人乘公路客車北上，經廣元、劍閣、翻越秦嶺，到達陝西寶鷄。在這裡我遇見了我的老師張靜濤，這時他調在隴海鐵路局工作，有了家室，請我吃了一餐飯，並安排我們搭乘火車去西安。西安是漢朝古都，城牆高大，街道筆直寬廣，我們停留兩天，觀賞名勝。曾到碑林，買了幾件拓本，留為紀念。從西安到洛陽的火車上，擠滿了返鄉人潮，車頂上也坐滿人，火車爬坡時，用盡氣力，爬不上去。乘客在車上等得不耐煩，有人高呼我們下車去推，車上的人紛紛下車，車皮減輕了，我們一車人真把火車推上山坡，大家趕忙再爬上火車，平安到達洛陽。從洛陽到鄭州，我們再南下，在車上看到黃河開口處，淘淘黃河水，不知淹沒多少生命和良田！到達蚌埠，我倆改搭公車，到達合肥，各自回家。

這次是勝利返鄉，心中充滿了希望，與上次回家時不同，上次家鄉是在日軍佔據下，心中一直籠罩著恐懼的陰影。父母見我回來了，也滿心歡喜，閒話家常。父母曾把圩東的房產賣掉，在合肥南城內三孝口買了一棟房子，前面做客棧，後面住家，我有時住在鄉下，有時住在城內，這時合肥城街道仍是石板路，市容很清淡。見到幾位八中老同學回來了，大家常聚會歡談。

五、國立政治大學

三十五年八月七日中央政校已遷回南京紅紙廊舊址，改名為國立政治大學，隸屬於教育部，校長仍是蔣中正委員長，段錫朋先生任教育長，十一月廿一日，政大開學，我回到學校上課。適逢政府召開國民大會，指派我們四年級同學前往服務，每天國大開會，會堂內人來人往，吵鬧不休。最後制訂一部五權憲法，薩孟武教授講課時評論說：「這部五權憲法，看來

校門

雖很完備，但行不通。」

次年四月，段錫朋教育長身體衰弱，辭職前，曾在大飯廳召集我們畢業班同學訓話，他說：「你們行將畢業，進入社會工作，社會環境像一池污水，你們要做一滴清水，一滴清水滴到污池裡，雖然看不到績效，可是集合眾多清水，就會發揮澄清污池的效果。」段教育長這幾句語重心長的話，對我卻發生很大影響。

同學得知蔣經國先生繼任教育長後，校內引起很大風潮，同學罷課，張貼反對標語。社會上一般評論，認為是陳果夫、陳立夫兄弟在幕後操縱，但我個人認為當時同學們期望中央黨校既已改為國立大學，應該改掉黨風，由一位學術地位崇高的學者來領導。蔣中正校長獲悉政大學生鬧風潮，大為震怒。教育部長陳立夫偕同陳布雷先生來校訓話，說明當時情勢，風波才逐漸平息，但經國先生給終未來校就職。可是在政大第一期同學畢業紀念冊上，教育長仍是經國先生，直到八月我們畢業後，教育部乃任命顧毓琇先生為校長，取消教育長職位。

畢業之前，同學分派至南京及上海市政府實習三個月，我被派到南京地政局實習，每天翻看地籍圖表，興趣缺缺。實習完了，回到學校，已無心上課，分頭去找工作。好在學校設有畢業生服務處，分函中央及省市政府各機關，替同學介紹工作，我被分發至安徽省政府工作。

暑期我回到家中，住了幾天，感受到安徽當時局勢已經不穩，八路軍在各地擾亂，地方工人生活已不安寧，因而我不願回鄉工作，決定去南京另謀出路。離開家門，母親執手相送，告誡我這次離家，絕不能像上次，一去八年不回。我安慰她說：南京近在咫尺，隨時都可回來，哪知從此就永別了，再也見不到我的媽媽了！

伍、隨侍孫立人將軍

一、從軍

三十六年夏，我從政治大學畢業，奉派到安徽省政府工作。時逢國內戰亂，安徽地方受到土共騷擾破壞，已不安寧，因而我不願意回鄉從事地方工作，暫停留在南京。

一天我在報上，看到一則消息，說「孫立人將軍奉派到臺灣訓練新軍」，當時我眼中恍如閃現一線曙光，認為這是我從軍報國的機會。一則我投筆從戎的宿願得償，再則我可到初光復的臺灣寶島遍覽熱帶風光。而且孫立人將軍就是在我心中留有好印象的稅警團的領導人，後來他率領新一軍，在緬甸戰場上屢建奇功，打通中緬公路，成為一位戰績輝煌的抗戰英雄。由他來訓練新軍，必為國家帶來新希望。知道他是清華畢業，與政大教務長陳石孚先生是同班好友。我就與同學石遠謀商定，請石孚先生給我倆寫封介紹信，到南京沈舉人巷孫府晉見孫將軍。這次見面，孫將軍看完信也沒多問，就派我兩人為陸軍訓練司令部新聞處上尉科員，從此穿上了軍裝，踏上人生的征程。

二、軍訓班教官

民國三十六年八月一日，我與石遠謀兩人，一同到南京香靈寺陸軍訓練司令部報到，見到新聞處長張佛千少將，他要我們兩人各寫一篇從軍感言，作為語文測驗，通過後，就開始上班。陸訓部是一個新成立的軍事機關，一切尚在草創之中，惟官兵生活都要受嚴格軍事管理。我倆剛從文學堂出來，初踏進軍事機關，一切都不懂，處處受到管束，深感不自在。同事多是軍人，我們在軍中的文職人員，一舉一動，都不合乎軍事要求，他們看不順眼，譏笑我們是「活老百姓」。

陸訓部第一批赴臺官員百餘人，於國慶前夕，從上海乘登陸艇，離開黃埔江，駛向臺灣海峽，我站在船頭，遙望前程浪濤洶湧，海天一色。這是我第一次看到海洋，心情感到興奮。回顧大陸河山，黯淡蒼茫。離去父母鄉邦，愈行愈遠，心中依戀不捨，久久不能成眠。哪裡會料

石遠謀（左）沈克勤（右）在鳳山軍營門前合影（吳紹同攝影）

到，此去之後，大陸沉淪，我們便成為有家歸不得的遊子，我與父母永訣了！

十月十一日午間，抵達基隆碼頭。我們上了岸，看到路邊水果攤林立，搶著買香蕉大嚼。我第一次看到奇異的鳳梨，想買又不知道如何吃法。我們在基隆市逛了一趟，覺得它祇是個樸實無華的漁港。下午賈幼慧副司令官來接，集合我們訓話，要我們嚴守軍紀，不要給臺灣同胞對國軍留下壞印象。可是我們的表現，多少有點勝利者的姿態，在街上購物吃飯，有時無意中也許顯得趾高氣揚，難免會引起臺灣同胞的反感。

當天晚上乘火車到高雄，第二天清晨，進駐鳳山營房。這是日軍遺留下來的老舊營房，門窗破壞，營區雜草叢生，無電無水，又無桌椅床舖。我們成為拓荒者，開始披荊斬棘，動手打掃房舍。又從崗山空軍單位，借來老舊桌椅，擺設起來，開始辦公，積極準備新軍訓練工作。

第一批訓練新軍的基層幹部，是從東北新一軍教導總隊調來的四百二十二名學生，擔任示範隊，由趙狄總隊長率領，駐進鳳山營房，立即給沉寂空曠的營區，帶來虎虎生氣。他們穿著美式軍裝，短褲皮靴闊腰帶，精神抖擻，氣宇軒昂，整隊路過街上，步伐整齊，皮鞋發出的嚓嚓聲響，無不引人注目欣賞，稱讚新軍畢竟不同凡響。他們受到老百姓的衷心歡迎，我們也引以為傲。

陸訓部經過一個多月的籌備，就在鳳山營區內，開辦軍官訓練班幹部訓練總隊，分設將官、校官、尉官及士官四個班隊，調訓在臺部隊的各級幹部。這時我應聘為政治教官，教授將軍班的中國憲法。十一月十六日開學，我去上課，軍訓班新聞組組長王景佑上校，恐怕我這個年輕上尉壓不了臺，他先上臺替我說了幾句話。我剛離開大學校門，我還記得在校時薩孟武老師們講授的政治學理論與學說，臨時拿出來賣弄，頗受學員們歡迎。一天我患瘧疾，自己講話也聽不見，便在課堂內大喊，他們也不介意。後來到部隊上，遇到這些將領們，他們還稱呼我為老師，內心甚為得意，因而引起我對教書的興趣。

三、精忠報記者

三十七年二月二十二日，新聞處主辦的「精忠報」出刊，我被調為採訪記者。從小我就喜歡看報，但做記者卻是外行。而新聞處長張佛千卻是辦軍報的高手，他在淞滬前線曾主辦過「陣中日報」，名噪一時。他對報社同仁要求嚴格，規定每名記者每天撰寫新聞稿不得少於五百字。我每天在營區行走採訪，有時找不到題材，心裡焦急，遇到同事劉國瑞，他也一無所獲，兩人相視苦笑。做了記者之後，孫司令官成為我們跟蹤採訪的對象，我對於他的日常活動，有了親近的機會，對於他的思想行為，開始有了新的認識。

三十八年九月間，孫司令官奉命兼任臺灣防衛司令，陸訓部擴編為臺灣防衛司令部，新聞處擴大為政治部，我奉派為宣傳科長，兼任精忠報採訪主任。當時我深感惶恐，不知道如何做好軍中宣傳工作，實際上，每日工作仍以精忠報為主。光復節夜間，共軍一萬多人，分乘大小機帆船二百多隻，襲擊金門西北角古寧頭，新軍二〇一師六〇一及六〇二兩個團防守

民國三十八年十月二十五日金門大捷，孫立人將軍偕八十軍軍長唐守治前往高雄碼頭歡迎青年軍二〇一師戰鬥官兵歸來。

第一線，一夜之間，將來犯共軍擊潰，殲敵萬餘，俘虜六千多人。這一勝利消息，於次日傳到新軍基地鳳山。這是新軍訓練的部隊第一次獲得的戰果，作戰單位收到前方傳來的電訊，立即送交精忠報發表。我當場將電訊改寫成新聞，一份由精忠報刊出，同時另抄一份，由我騎著單車，送到高雄，交給中央社分社主任張明烈，由他電發至臺北總社，供給國內外各大報紙及廣播電臺傳播。當時金門沒有戰地記者，所有金門大捷的戰訊，都是由當地駐軍電報臺灣防衛司令部，一連十數日，都是由我一手照樣撰稿傳播出去。我發表這樣重要的軍事新聞，為趕時效，來不及向上級長官請示，我認為這是宣傳科長分內的事。事後張明烈獲得中央社明令嘉獎，但沒有人知道這是我在宣傳科長任內所做的一件宣傳工作。

為了配合金門大捷的新聞，我又撰寫一篇「新軍良心訓練」的專文，報導孫司令官在新軍中，教導官兵要發揮良心血性，倡導「意見、人事、財務、獎懲」四大公開，並鼓勵「好人出頭」，養成「軍愛民、民敬軍」的新風氣。這篇報導在十月二十七日中央日報上刊出，當天孫司令官專機飛金門前線視察，在機上看到這篇文章，他問同行的張佛千處長：「這位作者是誰？」我一向做事，盡力做好自己分內工作，人不知，己不慍。

三十八年底，政府各機關紛紛從大陸撤退來臺，人心惶惶，臺灣處在風雨飄搖之中。當時陸海空三軍主力都集中在高雄附近，鳳山是陸軍基地，左營是海軍基地，岡山是空軍基地。我們在三軍裡工作的政工人員，為了鼓舞人心，團結士氣，集議糾合高雄新生報、臺南中華日報及駐在南部的新聞工作人員，聯合創辦一份雜誌，名曰「力量」半月刊。推舉南部中華日報總編輯陳立峯為主筆，高雄新生報總編輯歐陽醇為總編輯，中央社駐南部特派員張明烈為總經理，於三十九年一月十六日出版。發刊詞中開場白就說：「今日何日？大陸沉淪，神州板蕩。事急矣！時危矣！吾人最後表現力量之時機至矣！……最後高呼：同仁不敏，願天下有作為，有希望，有理想，有智慧，堅決反共的朋友，熱烈支持我們的主張，用我們的力量，消滅敵人的力量。」創刊號裡刊載的文章，多是陸海空三軍的消息，有我一篇「新軍是怎樣練成的」，和侯家駒一篇「榮譽歸於壯士」，報導新軍上等兵袁林在金門大捷中的英勇故事。

「力量」這本軍事雜誌問世，在當時臺灣可以說是首創。我們這幾個文人，畢竟力量有限，又得不到任何方面支持，未經數月，即宣告夭折。我到今天還保存「力量」半月刊的創刊號及第三期，可能是海內外的孤本。我們理想的共同事業，雖然很快就失敗了。可是經歷這次失敗，我與張明烈、陳立峯等人，成了很好的朋友，他們去世已經多年，可是他們在臺灣最危險時期，對新聞傳播方面的貢獻，仍值得我永久的懷念。

臺灣防衛司令部於三十九年元月三十一日設立研究委員會，延攬從大陸逃難來臺的著名學者教授，擔任研究委員。實際上他們並不來部辦公，只是有時邀請他們來鳳山給軍訓班各班隊學員生演講上課。孫司令官認為現代軍人，必須具有現代社會科學知識，所以他聘請的學者教授，都是一時之選。他調政治部張佛千處長主持研究委員會業務，我與劉亞二人調去擔任秘書。我記得當時應聘擔任研究委員的，有名教授蕭公權、沈乃正、周培智、翟楚等人，應邀前來演講的，有錢穆、牟宗三、徐復觀、胡秋原等人，周培智是合肥同鄉，他來鳳山，由我接待，他對學員生講完課，轉身告訴我：「二三十年後，這些學員生中，將來許多都是國軍中的高級將領。」

四、隨從秘書

民國三十九年三月十七日，孫將軍升任陸軍總司令，仍兼陸軍訓練司令，第四軍官訓練班主任，暨臺灣省防衛司令，一身任四要職，這是他一生中掌握軍權最盛的時期。就在這時，我與政大同班同學徐士立調任總司令的隨從秘書，從此隨侍他左右，形影不離，一直到他調任總統府參軍長，長達四年之久。

當時在總司令辦公室有五個人，為首的是少將高參葉鏡允，儼然是辦公室的頭子，我們也這樣稱呼他。他是政校一期校友，對於我們這兩位初來的後進，給予許多照顧。另兩位隨從參謀是陳良壎和曾日孚。陳是福州人，軍校十七期畢業後，就參加緬甸作戰，跟隨孫將軍多年，孫將軍為人處事的習性，他瞭解最深，而他本人又極聰明機警，深得孫老總的信賴。曾日孚是美國華僑，自幼受美國教育，說一口流利英語，清脆悅耳，為人也純真活潑，專事洋務，與美國人打交道。我和徐士立，初進老總辦公室，祇辦理文書整理，演講或會議紀錄，及生活日記等。

孫老總一生志趣在於練兵，他的目標是要把中國軍隊練成世界上第一流的軍隊，因而他每天除了辦公，接見客人及參加會議之

孫將軍向部隊講話，後座紀錄者是沈克勤（吳紹同攝影）

外，一定要抽出時間去看部隊。他走到操場野外，看到部隊演習訓練，精神極為愉快，好像一個嗜好運動的球員，一上了球場，打起球來，他的精神就來了。

可是我們這幾個隨從，跟著他有時真苦，不論炎陽烤曬，颱風吹打，白晝黑夜，海角山巔，他都要親自跟隨著演習部隊察看，暴風雨夜，他與官兵同樣不要穿雨衣，我們祇好跟著一同淋雨，衣服濕透了，他叮囑部隊回去後，吃一碗熱的薑湯，而我們連薑湯也沒得吃。校閱部隊時，他喜歡與部隊同吃大鍋飯，每頓吃下兩三碗，有時他忙過了午餐時間，我們只好同他一起挨餓，這是常有的事。他忙完了，想起吃飯，就叫伙伕把剩飯炒一炒，煮碗蛋花湯，幾個人吃起來，反而覺得格外好吃。三四年下來，他的足跡走遍臺灣、澎湖、金門的每個角落，我們追隨他左右，吃盡了苦頭。當時孫老總五十左右，體力強健，他不怕苦，我們都還不到三十歲，有苦也說不出了。

我初進南昌街孫公館，以為是來替孫老總當差的，感到坐立不安，不知如何是好。相處久了，才體會到孫老總看待我們，如同家人一樣。當時他膝下猶虛，我們便成為他的子弟了。與他同睡同起，同桌吃飯。早餐總是吃稀飯，四碟小菜，花生米、豆腐乳、醬瓜、鹽菜，天天不變，有時來了客人，加兩個鹹鴨蛋。中午晚上，如果在家吃飯，也是四菜一湯，兩葷兩素，魚肉青菜和蛋花湯，來了客人，也是加一盤炒雞蛋。孫老總對我們從未有過疾言厲色，連重話也未講過，如果我們真的犯了錯誤，他最多望我們一眼，我們就知道他不高興了。我第一天在竹南國小睡在他住的房門外，要守衛憲兵替我揩拭手槍，他不知道槍內裝有子彈，誤扣扳機，碰然一聲，子彈飛出。我嚇得不得了，認為一定要受責罵。孫老總就睡在裡面房內，他知道後，一點都沒有責怪。孫夫人信佛，每天唸經拜佛，見到我們，總是和顏悅色，笑容滿面。有時她要坐汽車外出，總司令家裡只有一部汽車，曾日孚參謀搶著把車子開走，揚長而去，說是去辦公事。孫夫人還是笑嘻嘻的走出大門，趕搭公車，或是坐人力車，我看到這種情形，心裡總覺得有點過意不去，認為孫夫人把他們慣壞了。

五、有責無權的陸軍總司令

民國三十九年三月二十五日上午十時，孫將軍仍穿著洗褪了色的草綠卡機布軍常服，赴總統府宣誓就任陸軍總司令。他回到家裡面無喜色地說：「我祇接到一顆陸軍總部的印信，其外一無所有，關於陸總的編制裝備人事經費等項業務，一切均須從頭開始。」他感到責任重大，但是上面並無意給他實權。他知道政府這次要他出來，是要用他來爭取美援，並非要他來掌握兵符，整軍經武。平常人家，逢此喜慶，一定是花籃滿庭，親友道賀不絕，家中充滿了熱鬧氣氛。可是老總平時不喜歡應酬，更不許部屬無事登門逢迎，他榮升這一天，可以說沒有人前來道賀，家裡同往常一樣地冷清。

前三天，我開始上班報到時，就聽說跟隨老總多年的英文秘書潘申慶及黃正、黃珏姐妹，因受到「李朋匪諜案」的牽連被捕，而且是蔣經國親自打電話給孫立人辦的。孫明知道潘申慶和黃氏姐妹絕對不是匪諜，他雖為他們力爭辯白，也是無效。他這才明白，這是上面

孫將軍與大象林旺。林旺為新一軍反攻緬甸之戰利品，孫將軍攜其來臺後，轉贈臺北動物園。

有意給他警告，要他順從聽話。為此，先把他的親信人員關起來，作為人質，如不聽話，隨時可以找個藉口制伏。潘申慶在保安司令部看守所僅問過一次話，經老總多方設法營救，一年之後，以「過失洩密」罪名，判刑十年。老總再叫當時在周至柔總長辦公室擔任英文秘書的衣復得上校，在監外代潘寫了一份「悔過書」，奉准調陸軍總部服勞役，發給准尉半薪。潘申慶從看守所裡放出來，他去見老總，老總一見面就拍拍他的肩膀說：「不要難過，他們原想懲我，卻先苦了你們。」潘出來後，和我同寢室，他住在下舖，我睡在上舖。我見他一天到晚笑嘻嘻的，從未說一句怨言，更沒有透露絲毫案情，他回到房間，就倒臥在床上，打開收音機聽古典音樂，兩年下來，我也被感染，能夠欣賞古典音樂了。最不幸的是黃氏姐妹，這一對京陵女大的高材生，剛走出校門，便遭到無情的政治風暴，把美好的青春與前途給斷送了。

我住在南昌街孫公館第一天，老總交待我辦的第一件公文，就是簽呈總統，保薦前三十八師師長陳鳴人為陸軍總部營務處長。陳鳴人到差不到一個月，五月初，就被保密局關起來，顯然上面對老總的防範，更加嚴厲起來。

新七軍軍長李鴻於三月間從大陸逃出來，孫老總親自去見老總統，力薦李鴻擔任第四軍訓班主任。老總統召見時，要李鴻就軍校校長與成功軍軍長兩個職位中擇一出任。四月十日下午五時，孫老總陪同李鴻去見行政院陳誠院長，陳院長對李鴻在東北作戰的功勛，還予慰勉。當李鴻回到屏東家中，心裡尚在歡喜的時候，連同他懷孕的妻子，就被臺灣保安司令部逮捕了。同時被捕的除陳鳴人外，還有新三十八師副師長彭克立和一一三團團長曾長雲。這四個人都是孫老總的愛將，同時被捕，顯然是上面要削剪孫老總的羽毛。孫老總一生帶兵，最愛護部下，對於這幾位追隨他多年曾在戰場上共過生死的戰友，他眼看他們受冤被關在牢裡，心中感到最大痛苦。結果這四個人被關了二十五年又三個月，罪名是來臺「策反孫立人」。

六、為陸軍官兵爭待遇

孫老總自幼受美國教育，養成美國人的習性，遇到不公平的事，就去力爭。後來他也明白，上面認為陸總部管轄的軍隊太多，權力太大，處處予以限制，不是去爭就可以爭到的。可是他習性養成之後，很難更改，尤其當他發覺陸海空三軍官兵的待遇不同，更是氣憤。他認為三軍官兵同為國家服役，為甚麼海軍官兵的待遇要比陸軍高出一倍？而空軍更高出兩倍？一次，他在總統召集的最高軍事會議中提出，參謀總長周至柔的答覆是，海空軍官兵素質要比陸軍高。孫則氣急敗壞的問：「如何見得？你如認為海空軍官兵素質比陸軍高，我們可以舉行考試，予以測驗，看究竟是誰的素質高？」兩人爭得面紅耳赤，使得周總長一時下不了臺。

當時陸軍官兵待遇實在微薄，每月副食費只有臺幣十八元，生活十分艱苦，士兵營養不良，患夜盲症及腳氣病的，比比皆是。孫老總認為改善陸軍官兵待遇，是他不能旁貸的職責。一天晚間，孫老總到臺北長沙街周總長官邸，商談請求增加陸軍官兵待遇，周總長堅持不准，認為陸軍員額太多，無法調整待遇，兩人又爭吵起來，聲音越講越大，嚇得周家的人不知發生了甚麼事情，結果又是不歡而散。

孫老總一直氣悶在心，他有點孩子氣，遇到周總長連打招呼都心不甘情不願。每週例行軍事會議，孫老總時常後到，因為先到，他不願向周總長敬禮，後到，他只要向總統敬禮就可，兩人這樣鬧下去，周總長自然也不會讓他，凡是陸軍總部有請求事項就很難過關，孫老總本想在陸軍有一番改革，他處處遭到掣肘，更使得他牢騷滿腹，不論見到任何人，他就發牢騷，傳開來之後，有心人再加油添醋，便很容易引起上峯的猜疑，防範更嚴，流言更多，層峯不察，聞善則疑，聞惡則信，久而久之，便構成罪嫌了。

七、臺北高雄的火車道上

臺北每週有兩個會議，是孫總司令必須參加的，一個是週四舉行的陸海空三軍首長聯席會議，一個是星期六上午，總統召集的最高軍事會議，其外週日在陽明山舉行的總理紀念週，也得參加，因此老總每週必須在星期三晚上從高雄乘火車北上，星期天晚上再乘火車從臺北南下。每週在臺北至少須住四天。當時臺北已成為臨時首都，人文會萃，應酬頻繁。他到了臺北之後，就免不了許多無謂的應酬，這是他最厭煩的。有些從大陸撤退來臺的老官僚，時常成為孫府的不速之客，他們仍然是過去官場一套老辦法，見面不說心裡要說的話，留在肚裡讓人去猜，一坐兩三個小時，儘量說些閒話，老總雖然聽得不耐，但又不好意思端茶送客。所以他在臺北開完會議之後，馬上就乘火車回鳳山軍營，為了減少他在臺北無謂的應酬，老總提議將陸海空三軍首長聯席會議開會日期，改在星期六下午舉行，獲得通過之後，他就有更多時間，放在實際工作方面。

我們每次來往臺北高雄，都是乘晚間十時夜快車，行前通知鐵路局，把他專用的一節車箱掛在夜快車後面。老總在上車之前，家裡客人不斷，經一再催促，不到最後時刻，他總不肯離開，及至匆忙趕到車站，旅客都已上了車，只等他一上車，火車就開始啟動。他每次從臺北上車，孫夫人都來送行，與老總手挽著手，送老總上車，夫妻恩愛，好像兩人捨不得分開似的。

我跟著上了火車，解開軍服，就倒在臥舖上睡覺，不到十分鐘，火車還沒有駛到萬華，我已經呼呼大睡了。途中不論車身如何搖動，我都不會被鬧醒，一夜睡得極為香甜。次晨天亮，車抵臺南，醒來起身盥洗，到了高雄下車，回到鳳山營房，照常辦公，並不覺得旅途勞頓。我的同事徐士立兄，他在火車上很難入睡，次晨起來，睡眼惺忪，到部辦公，精神不濟，不堪其苦。

我們最佩服老總的睡覺功夫，他不僅在火車上可以睡覺，就是在任何情況下，只要他放下工作，他就能呼呼入睡。他常在看完部隊之後，乘汽車回家途中，大睡一覺。星期天，許多人要遠離臺北，出去渡假，遊山玩水，藉以休息。老總在星期天下午，如果沒有事，便午睡二三個小時，這是他恢復一週來的疲勞最簡單的辦法。

臺灣鐵路局特為老總裝製一節車箱，中間除有臥舖外，並設有會客室及辦公桌椅，必要時，可在車上繼續辦公會客。兩邊各有一個房間，每個房間設置兩個上下舖，分由隨從及警衛人員使用。此節車箱於三十九年十月二十三日啟用，老總每於視察鐵路沿線部隊及防務時，便搭夜快車，在車上睡眠，待火車駛到目的後，便將這節專車甩下，他仍可在車上繼續睡覺，直到天亮，醒來盥洗畢，隨即下車，開始巡視部隊工作，節省了許多時間。

八、老總生活絕不比士兵多享受一點

孫將軍帶兵練兵，一向與官兵同甘共苦，生活絕不比士兵多享受一點。老總年逾五十，兩鬢飛霜，他下部隊校閱，一定要與官兵同吃大鍋飯，而且在露天操場，一起蹲在地上進食，自己添飯，吃了一碗，又添一碗，甘之如飴。有一次，士兵以飯代酒，向他敬飯，他滿面笑容，連吃數碗，與官兵同樂。

三十八年六月十六日，是黃埔軍校成立二十五週年校慶，總統親來主持。校慶前一日，孫將軍在鳳山大操場預校入伍生總隊官兵，當時受校的一位入伍生趙靖東，事後記述當時孫將軍陪同官兵淋雨的一段經過，最能表達官兵的感受：

「十五日下午預行演習的時候，忽然天降傾盆大雨，在長官的激勵下，雨下的越大，我們愈發抬頭挺胸，雖然人淋成落湯雞，但是頭宜正，頸宜直，兩目凝神，向前平視，下顎微向後收，腰幹挺直，小腹後收，兩腳分開約六十度，兩膝併攏，臀部夾緊的立正姿勢，卻絲毫沒有馬虎。槍管裡灌滿了雨水，不停的往外冒著水泡，擦槍油的油漬透出晶瑩的七彩水紋，部隊的行列裡，肅靜的沒有一絲聲音，只有雨水不斷打在我們頭頂所戴的斗笠上，發出唰唰的聲音，每個人都全力以赴，期使這次演習圓滿成功。司令官孫立人將軍在肅穆的立正號聲停止後，以雄健的步伐，上了司令臺，團長江無畏上校發出『敬禮』的口令，同學們以閃電的動作行扶槍禮，孫將軍以極標準的姿勢舉手答禮，團長喊完『禮畢』的口令，司令官雙目神采奕奕，注視著全場，英氣逼人，面部的表情嚴肅中充滿慈祥，頷首向總隊長趙逖少將說了一聲『好！』即向司令臺正前方跨了一步，立正挺胸陪著我們淋起雨來，總隊長趙逖趕緊踢了一個標準的正步，站在司令官孫將軍的左後方，陪著我們大家淋雨，整個部隊寂靜無聲，濃密的雨點，淋得視線模糊，身上感到一陣冰涼透入心扉，因知司令官要求嚴格，我們立正姿勢絲毫沒有改變，足足淋了一個小時，孫將軍就像一座山屹立在司令臺上，令我們從內心肅然起敬。最後說了一聲『很好！』叫總隊長命令部隊趕快帶回去，用紅糖與生薑煮薑湯喝，以防感冒。我們既感動又納悶，司令官檢閱，原來是陪我們淋雨來的，對孫將軍以身教代言教的以身作則，更是備受感動。晚點名之前，司令官親來寢室巡視，垂問臨時舖起的床舖會不會潮濕？有時摸著同學的頭，有時按著同學的肩，一一垂詢喝過薑湯沒有？有沒有感到不舒服？淋雨淋了那麼久很辛苦，晚上要睡個痛快覺。有時看到同學筆直的立正姿勢，司令官面露微笑說：『立正姿勢很標準』。離開的時候，連長發『立正』口令敬禮，我們大家高呼：『司令官好！』孫將軍高舉雙手，回說：『你們大家好！』」

老總在鳳山軍營的辦公室，原是日本人的兵營，設備非常簡單，廁所浴室都是公用的，因陋就簡，沒有作任何增添修改，就作為老總的辦公室。他的辦公室前，原來有一個防空洞，是日軍留下來的，到了三十九年初，政府加緊防空準備，營務處長張明信嫌這座防空洞不夠堅牢，特派工重修。四月十八日上午，老總到部上班，看到有五六位工人，正在拆除原有防空洞磚牆，大發脾氣，問是誰指使他們做的？至表不滿。他說：「這原是好的東西，為何把它毀掉重修？這不是浪費是甚麼？」張處長聽到之後，馬上令工恢復原狀。中午，老總出門，看見工人又在修補防空洞原有磚牆，他又罵辦事人沒有頭腦！「飛機炸彈掉在上面，躲在這種防空洞裡有何用處？炸彈不掉在頭上，在防空洞裡與在辦公室一樣，又何必浪費人

右：孫立人將軍在庭院養蘭自娛。

下：孫立人將軍在臺中向上路家中庭園，栽植玫瑰。

工金錢？」老總在生活方面要和官兵完全一樣，絕不願比官兵多享受一點。

老總在生活方面，絕不肯比士兵多享受一些，我們跟隨在他左右的侍從人員，更不要想多佔一點便宜，他也不容許我們有一點特殊。當時官兵待遇微薄，我每月支領少校薪九十元臺幣，有一次發薪，只夠我在高雄市請吳炳鐘吃一頓館子，以後的日子就囊空如洗。我們每天加班，從未領過加班費，我們經常出差，也從未領過出差費，鞋子是公家發的皮靴，襪子經常是破洞。有一次我用的鋼筆壞了，自己沒錢買，公家又不發，我這個耍筆桿的秘書，深感無用武之地了。

九、孫夫人信佛

孫夫人張晶英女士是一位虔誠的佛教徒，三十七年底，她從南京來到臺北，住在南昌街公館，她在二樓上佈置一個佛堂，每天早起，要在佛堂前焚一炷香，誦一部地藏經，拜佛一百零八拜，所以她早晨下樓很遲，很少與我們共用早餐。

孫夫人性情溫和慈祥，面容光潤清秀，對待我們，都是笑嘻嘻的，從未見她發過脾氣，有厲聲厲色的情形。她和老總真是一對恩愛夫妻，相敬如賓，從未見到他們之間有何爭執或是有相互生氣的時候。

老總每天上班辦公開會，日夜去視察部隊，很少有私人生活。孫夫人有時看到老總太疲累了，就勸老總多多休息，有時晚上家中沒有客人，便強拉著老總去西門町看場電影，我們沾光，跟隨他一同去看，就我記憶所及，一年之中，也不過兩三次而已。有一天晚間無事，夫人拉著老總到大世界看「常使英雄淚滿襟」電影，回來後，張保恆先生問影片怎樣，老總笑道：「我這個人不懂羅曼蒂克」。

老總在家和夫人一起吃飯，總是閒話家常，絕不在飯桌上談論公事，或評論人事是非。有時說到宗教信仰，老總常用手指著胸膛說：「我不信任何宗教，我只信良心。」夫人聽了也不以為忤。

三十九年初，蔣夫人發動陸海空三軍軍官眷屬為前線士兵縫製征衣，指令陸軍眷屬負擔縫製十萬套襯衣褲。蔣夫人交辦的事，沒人敢說個不字。孫夫人就老實地告訴蔣夫人說：「陸軍官兵待遇菲薄，本身生活都不能維持，哪裡有餘錢，再來負擔縫製襯衣褲的費用。」因她說這些話是出於她的肺腑，言下不禁流出眼淚，在場的官太太們無不感動。蔣夫人也被她的真誠所感動，遂將原議取消。

後來蔣夫人決定，由婦聯會提供布料，交陸軍婦聯分會出工縫製。孫夫人拿到布料，就去寺廟內，發動佛教徒縫製，如期完成。有一次婦聯會開會，孫夫人提出工作報告，上臺說：「我是佛教徒，婦聯會今天要我作工作報告，我很慚愧，個人沒作什麼事，但是我們佛教徒的力量很大，婦聯會發給我們為軍人製衣的布料，我拿到寺廟，師父們很熱心，大家分工合作，很快就完成了。他們很了不起，默默的貢獻。請主任委員（蔣夫人）能給他們獎勵。」

孫夫人講完話，蔣夫人站起來說：「在座信仰基督教、天主教的夫人，妳們聽到沒有？剛剛孫夫人說佛教徒這麼熱心，妳們要向她看齊。」蔣夫人走下臺來，很讚賞孫夫人的演說，也很好奇地問她：「妳怎能講得這麼好？」孫夫人回答說：「我是在寺廟裡訓練出來的。」

由於大家都知道孫立人的太太是信佛的，因此每遇聚會，總是有人以她為目標，故意詰難，久了，她也不以為忤，反而練就了她的隨緣度化。蔣夫人要她改信基督教，前後勸了幾次，她不為所動，從未改變她的信仰，有時還與蔣夫人互別苗頭，爭取官太太們信奉佛教。

三十八年，大陸淪陷初，逃來臺灣的法師和尚們，有的因匪諜罪嫌被捕。她聽到之後，就親自前往警察局去擔保，並義正詞嚴的對他們說：「這些和尚都是忠貞愛國，隨國軍過來的，你們這樣亂抓人，對人民一點保障都沒有，那你們和共產黨差不多嘛！我們的信徒很多，你抓一個和尚，有多少佛教徒心裡不安，因此而影響人心，這可不是鬧著玩的！我不知道臺灣有這種法律，人被抓了，還要付一天兩塊錢伙食費，這法律是誰定的？我要了解了解！」警察知道她是孫立人夫人，對她非常尊敬，她要保人，法師們都被保了出來，其中包括星雲法師，當時他還是個小和尚。她又和國大代表李子寬居士等人募集了一筆錢，買下了善導寺，供養大陸來臺的法師們居住。

陸軍總部有一位尉官，他有兩個小孩，無力扶養，乃寄養在一位臺灣善心人士家中。孫夫人聽到後，大發願心，在臺北向佛教信徒們勸募一部分善款，利用屏東招待所的房子，設立一個軍中托兒所，命名為屏東慈幼幼稚園。老總建議由德籍顧問史坦因夫人主持，因她對兒童教育非常熱心，而且德國人做事，認真節約，所有工作人員都是義務職，不支任何薪金，不用任何僕役。孫夫人認為很好，並聘請學教育的堂妹孫敬婉輔助史坦因夫人，務須將托兒所辦好。孫夫人再三叮嚀說：「並不是我好名，因為托兒所經費，都是我費盡心血，向善心人士勸募來的，我要對他們有個交代。」

十月二十日晚間，老總邀請立法委員胡健中先生在家晚餐，席間談及佛教。孫夫人說：「立人在外帶兵打仗，我與老母在家無力相助，惟有終日唸經拜佛，祈禱菩薩保佑他平安。」孫夫人並舉出兩件事，證明佛祖靈驗。

「抗戰期間，立人在貴州都勻訓練稅警團，有一次他前往重慶接洽公務，當時政府退處四川，汽油來源斷絕，真是一滴油像一滴血樣的珍貴。孫將軍雖擁有一輛公家的汽車，但為了節省汽油，乃改搭商車前往，回程行至川黔交界處，他嫌商車遲緩，為了儘早趕回駐地，適有一部小轎車馳來，他遂往接洽，談起來，知道該車是中國銀行的，孫將軍與其經理相熟，遂獲允改乘轎車。行未多久，得悉原乘的商車，在弔死崖翻車，全車乘客無一生還。立人回到家中，談起來，心有餘悸，而我認為這是神靈保佑。」

「還有一次，他率領新一軍在緬甸作戰，深夜，立人騎馬行於叢林峭壁中，昏暗中，馬突然驚跳，立人從馬上被摔下來，山澗淵深，果真掉下去，必將粉身碎骨，不意為一樹幹托著，未有掉到谷底，後來部屬用繩索將他拉了上來。」

孫夫人在講這兩件事時，語氣極為懇切。孫將軍聽後，不禁撫著夫人的背笑著說：「妳的誠心足以感動神靈，但絕不能使我信佛。」孫夫人不予理會，繼續對胡健中先生說：「不然，他嘴喜歡如此說笑，實有善根，去年他生日時，我為他做了幾樣素菜，而隨從人員卻要他吃油葷。我說：『讓你自己選擇。』結果，他還是吃素。」胡先生深以為然地說：「我生日也是吃素。」

孫將軍與胡健中委員過去素不相識，一次在周總長官邸，聽其言談，認為是國民黨人中的明達之士，從旁探詢，乃知是胡健中先生，特邀來晤談。飯後兩人談了兩個多小時，甚為投緣。

孫立人將軍晚年一心向佛

孫夫人由於信佛的緣故，參透了人生。她來臺之初，知道自己不能生育子女，而老總年已半百，膝下猶虛，便到處託親拜友，想為老總物色一位品貌俱佳的如夫人，幾經波折，三十九年，張美英女士來歸，她內心甚為歡喜，視同姊妹一般，親切相待，和睦相處，使老總

後半生能享受到平靜的家居生活。❶

十、一秉至公、絕不徇情

孫老總辦事要求極為嚴格，任何犯了不可原諒的錯誤，給他發現，他絕不寬貸，嚴詞指責，尤其是跟他做事的親戚家人，他一視同仁，絕不徇情害公。他在海州練兵時，發現跟他做事的一位堂叔，在財務上有點問題，他在盛怒之下，要把他關起來從重處罰。所以我看到跟他做事的親戚，在他面前沒有一個不是戰戰兢兢，怕說錯了話，做錯了事，挨他責罵。

有一天，我陪同他從外面回到家，他下了車走進門，看見他的親侄兒孫至京站在走道上，他勃然大怒，拉著他的侄兒嚴厲地說：「給我滾出去，我不要你進我家門！」至京囁嚅不敢發一言。我站在一旁，感到莫名其妙，不曉得至京犯了甚麼大錯誤。後來我聽到他的堂姊妹們私下議論，說至京最近在朋友家打麻將輸了錢，至京嫂特來向二叔告狀，引起老總震怒，認為至京不求上進，而去賭錢。大家認為至京嫂為這點小事來告狀，引起老叔憤怒，實在不應該。

這時老總的大哥伯亨先生從大陸逃難來臺，也住在官邸。伯亨先生有時對我們說：孫家本很富有，他弟弟今天貴為陸軍總司令，可是孫家並沒有沾他甚麼光。他的長子至京從西南聯大外文系畢業，想進外交部，孫老總寫封介紹信給當時外交部長葉公超，請求給他一個比工友高一點的職位。在老總認為這才是他愛護子弟的做法，要求他們幹任何行業，都要從基層做起。可是他家人的看法則不同，如果一個大學畢業生去做事，要做的職位比工友高一點，則又何必要勞動你去函介紹呢？

這時孫夫人張晶英的結拜姐姐章太太，攜子章超從大陸逃難來臺，也住在孫公館。章超在中山大學唸書，尚差一學年沒有畢業，有志從軍，到入伍生總隊受訓一年多。三十九年夏，參加第四軍官訓練班十八期入學考試，因患輕度砂眼及痔瘡而落選。孫夫人及章太太知道後，於六月二十七日早餐時，就跟總司令說情，請他想個辦法。總司令說：「這事我沒有辦法，一切公事都須要依照規章辦理，我也不能徇情害公。」

當天中午，我陪老總乘專機南下，下午一時二十五分降落屏東機場，下機後，即趨車返邸，迎面遇見章超，老總便直接了當的告訴他：「你的事，我不能管。」接著詞色嚴厲的責問他：「為何擅離營房！」並命令他：「立即回到連上，努力學習，不要到處尋求情面！」

下午五時三十分，到鳳山軍營辦公，儲訓班兩位同學有類似情況要見總司令，請求特准免考進軍訓班，我便將章超的事告訴他們，說總司令希望他的部屬要憑真本事硬功夫考取軍校，絕不允許任何人講情面。他們怏怏離去，認為我不肯幫忙讓他們去見老總求情。

我記得陸軍參謀學校在臺復校，首次招生，規定須由各部隊推薦高級軍官，經過考試及

❶ 釋永芸撰〈與孫立人將軍夫人往生前的最後訪談〉一文，載於《孫立人將軍永思錄》第四四二—四四七頁。

格，始准入學。這時總統府選派三位參軍，要不經考試直接入學，老總不准，認為任何人入學都要經過考試，總統府參軍也不能例外。他這種一秉至公六親不認的做法，不知道得罪了多少人，甚至連家人也不能諒解。

七月三日，老總對軍訓班第十八期畢業生講話，他說：「我們革命軍人做事，應當把國家、人民、職責、榮譽四者作為準繩。我可以告訴大家，我平生行事，祗要是於國家人民有利的，要我犧牲甚麼都可以，甚麼人都是我的好朋友，要是於國家人民不利的，就是我父親做的事情，我也不會贊成。」

十一、吳炳鐘的趣事

三十九年夏，美國名教授喬治先生應邀前來鳳山，在大操場對全體官兵演講，由國立編譯館編譯吳炳鐘陪同前來擔任翻譯。炳鐘從小在北平長大，抗戰期間，在輔仁大學攻讀化學，未有畢業，就去從軍，在范漢傑將軍部隊中任翻譯官，口譯是其所長，說話清晰有力，聲音宏亮，充滿感情，頗得聽講官兵好評，孫老總亦大加欣賞，認為軍中難得有這種人才，便去函梁實秋館長調用。吳炳鐘請示梁館長，梁當即表示贊同，並鼓勵他說：「去吧！讓你的前途與國運聯在一起。」梁館長認為孫將軍現在一身繫國家命運，他有前途，國家也就有了希望。

八月十七日中午，吳炳鐘前來總部報到，孫總司令派他為上校秘書，並同他談及個人志趣。老總說：「打仗完了，國家太平了，我這個學工程的，寧願做個全國監工的，來建設我們的國家。」下班時，老總約吳炳鐘一同回家晚餐，吳篤信天主教，席間，老總詢問天主教會的各種情況。

從此之後，炳鐘就加入我們隨從人員行列，有時一同隨老總出差到南部，與我們同吃同住，空閒時聽他講笑話，葷素並陳，工作之餘，卻增添了許多趣味。

在當時軍中，翻譯人員甚多，可是在口譯方面，無有出其右者。他不但英文好，而且記性更好，美軍顧問講話，不論講多久，他都能很有條理的譯出來，其中提到數字；他不用筆記，都能絲毫不錯一一道出，我很佩服他在這方面的天才。一天，他的夫人告訴我，炳鐘每晚在家讀書，非至午夜後二三時不睡。我才知道他有天分，但後天的努力是不可缺的。有一次在林口舉行軍事大演習，總統親臨主持，美方有高級將領前來參觀。演習前，我同他先到達演習場地，演習人員忙得團團轉，氣氛極為緊張。這時炳鐘從口袋中，掏出一本英文詩，專注的朗誦起來。在這種緊張時刻，他能利用片刻空閒，專心讀書，也是很少人能夠做得到的。

當臺灣局勢處在風雨飄搖的時候，自由中國之友美國共和黨參議員諾蘭先生來臺訪問，他先到鳳山參觀新軍訓練，孫將軍親自陪同說明，兩人並與大象林旺合影。諾蘭參議員對新軍射擊成績，讚不絕口，認為是世界上最優越的部隊。他回到臺北，應邀在圓山軍官團發表演講，孫將軍指定吳炳鐘擔任翻譯。當老總統蒞臨大禮堂，演講即將開始，孫老總發覺吳炳鐘還未到場，要我立即打電話去催詢，我忙走出去，看到炳鐘姍姍來遲，全場將星雲集，就等他一人。他不慌不忙，隨同諾蘭參議員步上講臺。我喘息方定，諾蘭參議員已經開始演講，不便走入會場，我就站在窗口聽講。諾蘭參議員演講的主旨，在鼓勵自由中國軍民要為反奴役爭自由而奮戰到底。他分析當時國際局勢，條理清晰，經過吳炳鐘的翻譯，聽眾無不感奮。孫將軍回到辦公室，要將諾蘭演講全文紀錄下來，交報紙發表。當場我並未有隻字紀錄，老總既有指示，當時我記憶猶新，就把它紀錄下來，經梅汝璇組長潤色整理，呈老總核定，即由梅組長送給中央日報發表。第二天，老總統在報上看到諾蘭參議員演講全文，認為對民心士氣鼓舞甚大，詢知是陸軍總部梅汝璇上校送去的，老總統甚為欣悅，特召見梅組長，當面予以嘉獎。我內心也甚感欣慰，認為給老總完成一件意想不到的差事。

民國四十年五月一日，美國軍事援華顧問團成立，由陸軍少將蔡斯（William Chase）擔任

孫立人將軍五十華誕，隨從沈克勤（左二）徐士立（右二）曾日孚（右一）舉杯向孫將軍夫婦祝壽。

團長。蔡斯團長來臺之後，於七月十四日下午向圓山軍官團發表演講，講題是「美國軍事援華團在臺的任務」。蔣總統率三軍高級將領親臨聽講，原擬由吳炳鐘上校擔任翻譯。當時老總約請余伯泉將軍由香港來臺，本意是請他來擔任陸軍總部第五署署長，主管陸軍教育訓練工作，因為他來遲了，署長已發表謝學齊，一時沒有適當職位，余將軍偕同家人就住在孫公館，無事時彈吉他自娛。老總有意推薦他擔任新成立的國防部外事局長，為增加總統對他的認識，臨時請吳炳鐘將這次翻譯工作，換由余伯泉將軍擔任。余將軍係英國劍橋大學法學士，繼入英國皇家砲兵學校，英文造詣及軍事學養，都是一流人選。蔡斯團長演講，由他擔任翻譯，自無問題，惟他是廣東人，說起官話來，自不及吳炳鐘說北京話道地，清脆悅耳。記得蔡斯演講中曾說到美軍部隊及幕僚人員的關係，說部隊長就是 BOSS。余將軍一時找不到適當軍事術語，便將它譯成「老闆」，雖不是軍語，倒很傳神，一時成為聽眾談資。余將軍不久就任國防部外事局長，從此一帆風順，一躍而為副參謀總長。

當時陸軍總部，經孫總司令多方延攬，留學英美人才眾多。吳炳鐘在談話間，對於他們的英文能力，很少有欣賞的，惟獨對於溫哈熊的英文才華，他常讚賞。後來陸軍總部成立編譯處，孫總司令派留英學軍事的胡獻群少將任處長，吳炳鐘任副處長。未久，編譯處召開統一陸軍術語會議，陸軍各單位翻譯官選派代表參加，胡處長主持。會中他提出一個軍事術語 Last Defense Fire，說是最後防禦火線，吳炳鐘當即指說這是火網，不是火線，胡處長說我是依據英文軍事字典解釋的，吳說字典也解釋錯誤，這樣演成僵局，會議開不下去。胡處長氣得向老總提出辭呈，老總祇好要炳鐘不要幹副處長了。另外要他訂閱英美著名的報章雜誌，搜集有關資料，每天為老總講述國際局勢半小時。

孫老總清華出身，在美國文武學校畢業，與英美人士交談，自不需用任何人翻譯。當時在他身邊工作的英文高手甚多，撰寫專論文章，有他的清華英文老師馬國驥先生，軍事方面有余伯泉將軍，撰寫英文函件有政大外交系主任陳石孚先生及英文中國郵報總主筆陳欽仁先生，其外還有溫哈熊、曾日孚兩位隨從參謀，擔任對外聯絡工作。吳炳鐘來到老總身邊工作，他的口譯才華，雖然名聲大噪，但未受到重用。後來吳炳鐘調任參謀總長彭孟緝的英文秘書，他的才華才得到揮灑自如，不受約束了。

後來他被世盟理事長谷正綱延聘為英文秘書，在他隨谷理事長出席在曼谷舉行的世盟會議時，我遇到他，老友相見甚歡。我問他：「谷理事長演講形容詞太多，你如何逐字逐句譯成英文？」炳鐘答得很妙：「他講他的，我說我的。」雖然是句笑話，但亦可看出炳鐘口譯的本領，和他反應的敏捷，他能隨口譯出，引起聽眾熱烈回應。谷先生每講一段話之後，一經吳口譯出，即聽到全場鼓掌喝采，自以為是他講得好，才得到聽眾歡迎，甚為得意，所以谷先生晚年出國參加世盟會議，總是帶著吳炳鐘同行，成為谷理事長的對外發言人了。

十二、恂恂儒者陳石孚

民國四十年五月一日，美國軍事援華顧問團成立，接著在陸軍總部設立美軍顧問團陸軍組，與孫總司令在同一樓辦公。為了加強與美軍顧問團協商聯繫，陸軍總部設立編譯處，雙方公文往來日漸加多，老總特聘其清華同學陳欽仁先生為參議，核閱重要英文函稿。陳先生在美國米蘇里大學專攻新聞學，擅長新聞文學，當時臺灣省主席吳國楨聘他為顧問，擔任英文文稿撰擬工作，因他在省府工作繁忙，每天只能來總部辦公一個小時。

到了八月間，老總得悉政治大學外交系主任陳石孚先生從大陸逃到香港，立即去函邀他來臺，聘請他擔任陸軍總部主任秘書，核擬英文文稿。陳石孚先生是老總的清華同班同學，基於同學友情，他樂於前來幫忙。民國四十（一九五一）年八月二十九日，石孚先生搭海輪由港抵基隆，老總派我前往迎接，我站在碼頭上，看到石孚先生在船舷邊，他那清癯的身影，出現在我眼前，我高興的喊叫：「陳老師，我來接你。」他下了船，就坐著軍用吉普車，直接駛到臺北南昌街孫公館，作為他的下榻處。晚間，老總下班回到家中，與石孚先生相見，老友重聚，甚感欣慰，飯後，兩人談到深夜，陳石孚先生不顧旅途勞頓，決定次晨即到部上班。

石孚先生擔任政治大學外交系主任十餘年，我國外交人員大多是他的桃李，我在政大攻讀法政，沒有機會上陳先生的課，現在他的辦公室就在老總辦公室的斜對面，我有隨時請教的機會，有時他核閱的英文稿件，經我轉遞時，每次我都要多看兩遍，想從中學會一點奧妙。後來他應陸軍總部官佐的要求，開設英文課，每週講英文文法兩三個小時，我報名參加，這才正式成為入門弟子。

有一天，老總約清華同學在家晚餐，同桌有他的清華英文老師馬國驥先生，同班同學陳石孚先生、梁實秋先生、周思信先生，他們都上過馬老師的英文課，席間談笑往日上英文課情形，梁實秋先生說：「馬老師教課嚴格，同學中祇有石孚沒有受過處罰。」周思信要我叫馬老師為太師爺，因為我是石孚先生的學生，在與這些清華人的接談中，對於他們高雅的風範，我受益良多。

石孚先生在工作之餘，應蔣總統聘約，將其所著的育樂兩篇譯成英文，出書之後，承他簽名贈我一本，我視為珍寶，一直保存在身邊，這本譯著可能是陳先生留存世間的唯一著作。

後來石孚先生應蔣夢麟主任委員聘請，擔任農復會英文秘書，待遇較優，在臺北金華街租屋居住，生活安定，他閒暇時，從事攝影，家中設有暗房，自己拍攝，自己沖洗，用來消遣為樂，但我從未見他展現他的攝影作品。石孚先生為人謙沖淡泊，言談間，自然流露出他深厚的涵養與恂恂儒者的風範。

石孚先生有一獨子，清秀聰俊，在臺完婚，育有二子，祖孫三代同居，家庭和睦幸福。後來他的獨子罹病癱瘓，妻室又告仳離，家景陷於淒涼。等到陳師母和他的兒子先後去世，石孚先生老年還要照顧兩個幼小的孫兒，孤苦伶仃，晚景堪憐。石孚先生逝世時，我在國外，多賴蔣彥士先生代為料理後事，蔣先生還多方奔走，把他的兩個孫兒寄養在孤兒院中。一代人師，下場如此悲慘！天道何在？不禁令人興嘆！

十三、英文大師馬國驥

民國三十八年間，大陸沉淪，逃難來臺人士，一時找不到住處，祗好投靠親友。老總見到親友沒有住處，便邀他們到南昌街公館暫住，等到找到房子後再搬出去。先後在孫公館住過的，有他的大哥伯亨先生，清華同學王國華、孫清波、張保恆、陳石孚等人，後來余伯泉一家人，也在孫公館住了一段時間。其中他的英文老師馬國驥先生住得最久，公餘有暇時，我常向他請教，得益最多。

我從多次談話中，知道馬老師是江蘇淞江人。他是上海聖約翰大學高材生，第一批清華留美學生，美國哈佛大學法律系畢業，回國任徐世昌大總統的英文秘書。當時外交總長顏惠慶是他在聖約翰大學的英文老師，愛其才華，調他進外交部，擔任顏外長英文秘書，並有意派他出任駐倫敦總領事，旋因外長換人未果。後來他出國參加國際經濟會議，遂留在英國，進倫敦政治經濟學院，專攻經濟學。返國後應清華大學聘請，教授英文多年。清華原是留美預備學校，人才輩出，其中多是馬老師的及門弟子。

孫老總對馬老師非常尊敬，並沒有給他任何職務，做任何工作，讓他從事自由研究。當時馬老師有六十多歲，我們隨老總上班之後，他就在客廳裡攻讀英、法、德文名著，孜孜不息，看到重要處，便用紅筆劃出，有時還做筆記。我有閒空時，他常找我談天，英、法、德文隨口說出，我聽得莫名其妙。後來相處久了，兩人無話不談，成了忘年之交。我曾向他建議：「馬老師，你精通法律經濟，滿肚子學問，為何不把它寫出來，讓我們拜讀。」他謙遜回答說：「我要把我的法文學得和我的英文一樣好，把我的德文學得和我的法文一樣好，那時我才開始著作。」我對他的淵博的學識，莫測高深，不過我想等到他把法文及德文學成功了，那時他是否還有體力來從事著述呢？

在清華學人中，大家一致公認最擅長英文寫作的是二陳，就是陳欽仁與陳石孚兩位先生，他倆都是四川人。一天，我問馬老師：「在清華人中誰的英文寫作最好？」他也稱讚二陳，他說：「陳欽仁先生長於新聞文學，陳石孚先生擅長外交文牘。」我又問他：「梁實秋先生英文如何？」馬老師說：「梁實秋擅長中國文學。」我進一步追問：「馬老師你的英文寫作如何？」他毫不客氣的說：「我寫出的英文華麗而且有變化。」我再問他：「如何才算是好文章？」他說：「中外文章都是一個道理，文字要自然流暢恰當。」

馬老師是一位讀書人，整天書不離手，從不管閒事，與人也不多言，祇有談到學問，他好像長江大河，傾吐沒有完時。四十四年秋，「孫案」發生，我聽到流言說：「孫公館內住有一位老教授，是大陸方面派在孫身邊工作的。」我很替馬老師擔心。這時正好國立政治大學在臺復校，蒲薛鳳先生出任政大教務長，他深知馬老師是一位有學問的人，遂聘請馬老師去政大教英文。他有這樣出處，我私心為他慶幸。

一天，我看到馬老師，他聽說孫老總住在臺中，公家不發給薪餉，生活十分艱苦，他很想把他節餘的薪金送去，但苦無門路，一再詢問我，有無辦法找到人送去？當時孫老總與外界隔絕，送錢進去，反而會引起麻煩，馬老師這一番心意，令我非常感動。

民國四十九年秋，一次颱風，帶來豪雨，木柵政大校區，竟成澤國，夜間山洪暴發，水漲數尺，教職員宿舍全被淹沒，馬老師幸被學生救出，他受此驚嚇，不敢住在校內。將他節省下來的臺幣三四十萬元，要我替他在臺北買一間居屋，後來在齊東街買了一間房，我結婚後，他免費讓我居住，一直等到我有了公家配給的房子，他才把這間房子賣掉。後來政府派他赴土耳其大學講學，傳授中華文化。

馬老師在臺無親屬，我聽他說，他有一個女兒留在大陸，他去世時，政大學生為他辦理喪事，用他遺留下來微薄的積蓄，在陽明山公墓為他營建一塊墓地。一代大師，埋骨在青山間。清明時節，我去上墳掃墓，荒草殘碑，問徑無人，我真不禁唏噓。他遺留下來的書籍，是他最寶貴的財產，全部贈給政大圖書館，專櫃保存。他教書一輩子，桃李滿天下，不知世間有無傳人？

十四、苦讀英文

我自從跟隨孫老總身邊做事，內心最感難過的，是自身英文程度太差。每天辦公，難免要和美軍顧問打交道，我的英文派不上用場。老總私人交往的朋友中，以清華人居多，他們都是留美養成了習慣，言談中夾雜著英文。自忖我也學過十幾年英文，為何竟不能開口，有時老美講話，連懂也不懂，自深感愧。

我想我的英文程度如此差，可能與學校教授英文的方法多少有點關係。我開始學英文，老師教拚音，要我們死記單字，學英文文法、造句、背誦名著，從未著重實用。等待與英美人接觸的時候，不敢開口，生怕說錯。也不能開口，因為在談話間，沒有時間，讓我運用文法，造好句子答覆。我又想到一個兒童，從喃喃學話開始，到會講話的時候，也不過四五年時間，他們並不需要學文法，就會造句講話。假如我現在改用兒童直接學習語言的方法，也不過再花四五年時間。因此我下定決心，重新開始學英文。

在當時要想找到直接學習英文的環境，極為困難。我想利用工作之餘，直接收聽英美廣播，但是我無力購買一個收音機。一天我和負責通訊的雲鎮大哥情商，他把庫存破舊的軍用收音機修好，借給我使用。我把它放在床頭，下班之後，倒在床上，便打開收音機，尋找英美廣播電臺收聽。那曉得這架老舊的收音機，短波沙沙作響，根本聽不清楚。我不管聽懂聽不懂，一直聽下去。一天晚上睡覺時，我打開收音機收聽，不知不覺的睡著了，一覺驚醒起來，已是第二天清晨，收音機仍在沙沙作響，一夜未有關閉，我怕收音機燒壞了，我賠不起。同時還有同事，指責我利用老總關係，使用公物。我一氣之下，把這架老舊的收音機送還回去。後來我積存了幾個月的薪金，才買了一個簡單的收音機，隨身使用。

收聽英文廣播幾個月之後，發覺效果並不很大，我決定改變方法，去參加美國傳教士的英文查經班。這時陸軍總部已遷到臺北上海路辦公，利用晚間或是週末，邀約好友黃永世、張復禮、劉錫炳等人去參加浸信會的英文查經班。開始時，是我們這幾個人到中山北路馬偕醫院旁美國傳教士住宅中，去聽英文傳道，後來聽講的人多了起來，就改在教堂內查經，這樣直接聽講，英文確有進步。我白天工作很忙，晚上又趕著去上課，有時疲倦極了，不自禁的竟在查經班上呼呼大睡起來，美國傳教士憐憫我疲累，並不責怪我，反而同情，使我更加奮勉。

我認為學習外國語文，是給自己在知識領域中開闢一個新的世界。我學英文最起碼的程度，要能閱讀我喜愛的國外書報雜誌，聽得懂外國的名家演講，和英美人士相互溝通意見。我以此為衡量我英文程度的標準，每年年終，我給自己嚴格打分數，無論是英文閱讀、講話，以及聽寫能力，雖有進步，但都是不及格，鞭策自己不能懈怠。

我不能說好英文，最大的障礙是膽子小，怕說錯了，給人見笑。有一次我在洛杉磯青年會吃早餐，一位美國佬向廚師要一樣早點，重複說了好幾次，美國廚師還是不知他所云為何物，這位美國佬竟然大發脾氣，兩人吵了起來。美國佬說：「難道我不是美國人嗎？為甚麼我說話你聽不懂？」這時我才恍然大悟，美國人跟自己人講話都還聽不懂，我們和英美人講話，一時聽不懂，沒有關係，放大膽子儘量去說，多說幾次就會了。

後來我還有一次經驗，增加我說英語的信心。我到巴布亞紐幾尼去訪問，當地沒有一個人會講國語，澳洲人及土人均講英語，華僑都講廣東話，我又聽不懂，和他們交談，只能用英語。一天晚間在深山裡，幾位年輕的華僑約我吃飯，飯後大雨，無法返旅舍。這幾位年輕華僑和我閒談起來，他們指責政府對海外華僑一點照顧都沒有，當地如果發生種族動亂，問我政府有何救援措施。開始我還儘量禮讓敷衍他們，而這些受過西方教育的年輕人，卻不懂中國人的禮讓，處處進逼，我到無處可退的時候，逼得我只有和他們用英語舌戰起來。我問他們：你們的父母，一無所有，一句英語不會講，單憑中國人刻苦奮鬥的美德，經過一生血汗的拚鬥，竟能在外國人圈子中，開闢一個美好的新天地，讓你們受良好西方教育，而今你們自己不去繼續奮鬥，開創你們的事業前途，反而要問政府能給你甚麼？那我不得不要問你們，你們曾為政府做了些甚麼呢？說得他們啞口無言。我未料到我的英語能力竟能說服這些年輕人。兩個星期訪問回來，我的英語竟然流暢起來，在家裡有時也會不自覺的說出英語。我這才明白，學習外語，環境是很重要的，而用外語說話，是一種習慣，習慣成自然，多加練習，自會成為習慣，習慣了，說起外語來自然流暢。

十五、留美受訓

自我從軍之後，倏忽過了四、五年，我在軍中發覺軍旅工作，非我志趣之所在。軍隊為求打勝仗，嚴格要求官兵絕對服從，不容許個人自由發揮其特性與潛能。我既不是以軍人為終身職業，則應趁早離開軍中，另謀發展。

可是跟隨孫老總做秘書之後，他平日看待我們，如同他家中的子弟一般，我沒有理由，無故辭去。而且我在軍中發現，每個將領都認為你只要跟隨他就有前途，你要說不幹，那就等於你輕視他，這是將領們最不能容忍的。尤其是孫老總，更是自負甚高，他到處求才，如何能允許他身邊人不幹，除非開小差，辭職只有自討沒趣，我不願不歡而散，祇有俟機想辦法離開。

四十一年，美國軍事援華顧問團同意考選國軍軍官，赴美國各軍事學校受訓，培養軍中兵科教官人才。規定陸軍總部考選各兵科，包括步兵、砲兵及戰車諸兵科，而通信及工兵則由聯勤總部考試。我未曾進過軍校，對於這些兵科所知有限。但跟在老總身邊兩三年下來，每天耳濡目染，自認對於步兵科還不陌生。我認為這是一個好機會，就去報考步兵科。考試那天中午，老總吃午餐時沒有看到我，問曾日孚參謀：「沈秘書到哪裡去了？」曾參謀回答說，他去參加留美軍官考試，老總知道笑了起來。他說：「如果他能考取，人家都不要進軍官學校了。」後來發榜，榜上居然有我的名字。這是在臺舉辦的第一屆留美軍官考試，國防部認為我資格不符，決定取消，我想當正式軍人的夢也就破滅了。

過了幾個月後，陸軍總部再度舉辦留美軍官考試，這次考試增加憲兵科五個名額，我看到其中有一名是「刑事犯罪調查」，並不限定須具有憲兵軍官資格。我認為我是學法律的，參加這一科考試應該符合資格。我遂鼓足勇氣，再去參加考試，這次給我考中，受訓時間只有三個多月，我想能夠到美國去考察一趟，也是值得的。我怕老總不准我前去，不敢冒然向他報告，想找一個好時機再向他陳情。

一天下午，我陪他去看陸軍總部參謀長趙家驤，到了趙府，我走上前對趙夫人說：「總司令特來看參謀長。」趙夫人回話說：「趙參謀長剛出門，去聽胡適之先生演講。」老總見不到趙參謀長，我們便打道回府。途中，我認為這是個好時機，便向他報告，我考取留美，受訓時間很短，請他准許。他聽我說完，沒有表示反對，我認為他已經默許，心裡很高興。後來我才知道，趙參謀長與老總鬧彆扭，上午留下辭呈不幹，老總知道，親去趙府挽留，吃了閉門羹回來，心裡一定不愉快，我要是早知道，決不敢在這時向他提出，但他不知道，我也想藉留美的機會，離開他了。

我們這批考取留美軍官，可能是在臺灣派到美國受訓的第一批，政府非常重視。出國之前，老總統要召見點名。一天下午，我們這批留美軍官約有二三十人，齊集總統府辦公室，大家服裝整齊，排成三行，接受總統點名。老總統點到我名字時，我立正答有，注視到總統停頓了一下，在查看點名冊上我的註記，我忙向總統報告：「我是中央政校畢業的學生。」總統連說了兩聲好，算是過去了。

四十二年二月初，經過美軍顧問團的安排，一天上午十一時，我們五個年輕軍官，搭泛美航空公司客機啟程赴美。美國對於軍人極為優待，我當時是同少校，給我坐頭等艙，坐位寬敞舒適。客機升空後，空中小姐送來各式美酒，我並不善飲，祇覺得機會難得，每種酒都要一杯，淺嚐即止，也分辨不出好壞。坐在窗前，品嚐美酒，遙望天上白雲飄浮，俯看太平洋海浪碧波，心曠神怡。當時泛美客機，還是使用螺旋槳式引擎，飛了四五個小時，才在琉球那霸機場降落，我們下機後，也不要辦出入境手續，無人來管，我們幾個中國軍官，信步走出機場，走進附近美軍營房，只見幾個美軍廚師，正在整理廚房。他們看見來了幾個中國軍官，就打開廚櫃，裡面盡是大塊牛排豬肝，讓我們自由享用。我們這幾個年輕軍官，在臺灣軍營裡，從未看過這樣豐盛美好的餐點，便大嚼一頓，吃飽後，揚長而去。回到機場，旅客都已登機，正在尋找我們，我們匆忙上機，客機就啟飛了。

客機飛了一夜，清晨降落東京軍用機場，我們幾個中國軍官，依照規定，須辦理入境手續。我們找了許久，才找到一間破舊的木屋，裡面有兩位日本海關人員，他們剛爬起床，天下大雪，氣候嚴冷，他倆用木柴生火取煖，寒愴的樣子，像是到了山野人家。他們知道我們是來辦入境手續的，也不問一聲，便在我們護照上蓋了章，讓我們通行。我們便由美軍派車，接往東京，住在市中心第一旅館，這是當時美軍的招待所。

當時正是韓戰最緊張時期，東京是美軍的集散地，第一旅館住滿了美軍軍官。從第一旅館可以走到東京市中心的銀座及皇宮，街道髒亂，處處呈現出戰後破落的景象。第二次世界大戰，日本軍閥把國家及人民，打得山窮水盡，連街道上的鐵欄杆及地下水道上的鐵蓋，都被徵收去，熔鑄成武器打掉了，人民生活窮困，還未能恢復，日用品極為短缺，我們沾盟軍之光，可以到美軍購物中心（ＰＸ），自由購買任何物品，享受佔領軍的優遇，顯得很神氣，若是隨手賞給日本侍者一包美國香煙，他會向你鞠躬到地，感激萬分。我在旅館中遇到一位陸軍總部老同事，他到韓國當了兩年翻譯官，初次來東京度假，他把積蓄下來的美金，以一比三百六十的匯率，換成日幣，用紙包成一大堆，提在手中，我一直提醒他小心謹慎，不要給日本人搶去。

在東京等候美方安排飛機期間，承蒙駐日大使館秘書朱震球學長引導我參觀東京市區的風光名勝。有一天我獨自乘地鐵行約半小時，下車去參觀一座植物園，佔地寬廣，松柏參天，環境幽靜，因不是週日假期，遊人甚少，獨自徘徊樹林花叢間，多日來的奔波煩擾，頓時為之消除。鬧市中有此安靜去處，我一直都在想念著它。

一天上午到羽田機場登機，看到我國軍事訪問團由徐培根將軍率領，團員中有王觀洲、蔣緯國等五位將軍，他們是應美國國防部邀請，前往美國考察軍事。我們同乘一架泛美客機，起飛後，蔣緯國將軍最為活躍，談笑風生，翩翩佳公子，在機艙內與空中小姐們玩橋牌。我想與這些將領同行，飛行一定安全。正在思念間，機長報告，飛機一個引擎發生故障，須回航東京修理，大家不免一場虛驚。等到引擎修復，再度起飛，俯瞰東京，已是萬家燈火。

經過一夜航行，次晨，飛機降落在威克島（Wake Island），這是太平洋上一個小島，二次大戰期間，美日曾在這裡發生爭奪戰，現在是飛美客機中途站，美日間來往飛機，須在這裡降落加油。我們下了飛機，舉目可以看到小島四週的海洋，島上只有一個機場，幾座營房。徐培根將軍走到休息站門前，蔣緯國將軍一個箭步，走到門前，把門拉開，立正站著，讓徐團長進入室內，其姿勢優美，動作自然，彬彬有禮，給人印象深刻。我們同機旅客，全在這間房內用早餐，席間，蔣緯國將軍對我說：「他在這個團內，身兼數職，既是翻譯員，又是禮賓官。」當時他是裝甲兵旅少將旅長，風度英俊瀟洒，在訪問團中是最活躍而引人注目的一位。

早餐之後，客機繼續起飛，航行了一整天，到達夏威夷，已接近午夜。美軍駐在此間的太平洋艦隊總部派禮賓軍官前來迎接我國軍事訪問團。我們走進機場航空站，聽到夏威夷土風舞的樂曲，就感覺到這裡充滿熱帶情調。大家用完晚餐，蔣緯國將軍走過來，關心我們今晚有無住處。我回答說：「這是我們第一次到夏威夷，睡覺並不重要，我們想利用這個機會，到市區觀光一下，現在夜深，租不到車，請旅長和美軍商量，提供一輛軍車，讓我們到市區海邊走一趟。」蔣旅長滿口答應，回來告訴我們，依照美軍規定，一輛禮車，只能坐三位客人，我們有五個，他們願提供兩部轎車，供我們使用。餐後，我們這五個年輕軍官，午夜在夏威夷市區兜風，最後還到世界聞名的瓦基基海濱泳場逗留一下，這時商店多已打烊，遊客都已散去，祇有我們這幾個年輕人，踟躕沙灘，尋芳問勝，黑夜間，只見燈火閃爍，看不到草裙舞的熱情女郎。

駛回機場航站，稍事休息，天已光亮，客機繼續向東飛，又飛了一整天，到達舊金山上空，已是夜晚十時許，俯首下視，一片燈火，猶如萬顆明珠，在夜空裡閃爍，發出光芒。蔣旅長俯向我的身邊，指著地面燈火閃爍處，告訴我們哪裡是金門大橋，哪裡是灣區。

客機平安降落，旅客都感興奮，機門打開，走上一位山東大漢，身穿美軍制服，他是上來歡迎我國軍事訪問團的，站在機門口，用英語說明美軍歡迎的程序，講了片刻，蔣旅長看他是中國人的樣子，就走上前問他：「你會不會講中文？」這位美國軍官回答說：「會。」

蔣旅長立即厲聲指責他說：「你會講中國話，為什麼不用中國話報告，我們徐團長聽不懂你講的英文！」這位美軍軍官馬上改口，又用中文重新報告一次。一路上我所見到的蔣旅長的風采，給我留下深刻的印象。

在舊金山停留期間，我找到政大同班同學莫翔興，他是廣東中山縣人，當時他在當地華僑學校當教師，他陪同我到唐人街、漁人碼頭及金門大橋等名勝地區觀光。當時商店中所賣的中國用品，都是日本製的，看不到臺灣及大陸的產品。舊金山華僑都講臺山話，國語沒人聽懂。有一個星期六上午，屋崙中國文化中心開幕，華僑在市區大遊行，美國警察馬隊在前開道，各華僑學校的學生鼓樂隊排隊在街上行進，隊伍走了一個多小時，汽車停駛，路人站在道旁觀賞。我穿著中國軍服，也在行列中遊行，隊伍齊集到新建成的中國文化中心。建築堂皇，美侖美奐，揭幕典禮，由駐舊金山總領事張紫常主持，鑼鼓喧天，禮堂內擠滿華僑，熱鬧異常。典禮之後，每人發餐券一張，憑券可以到附近中國餐館用餐，免費招待。我能參加這一盛會，深感華僑在國外的奮鬥，給國人帶來莫大的榮耀。

我受訓的美國憲兵學校，地址在南部喬治亞州的奧古士塔（Augusta），美國軍方安排我搭乘火車前往。一天晚間，美軍派員把我送上火車，我的坐位是頭等臥舖，上車解衣就寢，因我坐慣了火車，一夜睡得很舒適。清晨醒起，已抵達鹽湖城，下車、在車站外觀賞街景一番，即回到車上，到餐車上用餐點，遇到兩位從臺灣來美國讀書的學生。他們告訴我，他們是從臺灣搭海輪來美，海上風浪很大，船身顛動得厲害，十幾天不能進食，也無法睡眠，其中一位女生，瘦弱不堪，想到中國留學生的痛苦，我不勝同情，當天晚上我把臥舖讓給她睡，我換坐她的座位。夜間我照睡不醒，第二天起來，她苦著臉告訴我，她受不了火車的顛動，仍然是睡不著。我想她這樣嬌生慣養的習氣，如何能夠到美國留學。

火車抵達芝加哥，他們繼續向東行，我要轉車南行。利用轉換火車在芝加哥有半天停留，我乘興到市區歷史及自然科學博物館去參觀。當天大雪紛飛，寒冷異常，我出進暖氣房間，又到室外觀賞風光，待到晚間，再上火車，我已有點感冒。睡在臥舖上，甚感溫暖，隔著車窗，欣賞車外天空雪花飛舞，一片北國景色。途中不知火車停在何站，上來幾位旅客，我順便問他一句，外面雪下得怎樣？他說：「你睡在暖室裡，怎會知道外面的寒冷！」

火車駛到亞特蘭大城，氣候已顯得溫暖，這裡是喬治亞州的首府，也是美國南部的大城市，都市

謝秉忱（左一）何文俊（左二）勞謙（右二）沈克勤（右一）與美國憲兵學校校長合影

建設頗具規模，市容整齊美觀。從這裡轉車到奧古士塔，經過幾個小時就到了。下了車，美軍派員接我到學校，安排我和一位美國軍官住在同一房間內，床位分開，共用一個浴室，一同上課，一同用餐，他給我很多方便，很多指點，使我在受訓期間，沒有遭遇任何困難。一天下雨，他要利用雨水洗車，開車到南卡羅里納州（South Carolina）玩了一趟。

我們從臺灣來到美國憲兵學校受訓的一共有五人，除我之外，還有勞謙上校，何文俊中校，及鄭越豪少校，他們三人就讀高級班，謝秉忱上尉就讀初級班。我們到齊之後，一天同去拜見憲校校長，在國內這是非常嚴肅的時刻，可是這位校長和藹可親，他和我們有說有笑，不感覺到有一點拘束。在校內上課，也沒有國內軍營裡緊張氣氛，但是軍風紀還是很好，上下都很有禮貌，對於外國來受訓的軍官，更是格外優待，當時我的班上，有菲律賓和埃及的軍官，相處都很和諧。

奧古士塔是美國南方的一個小鎮，人民非常保守，對黑人仍存有歧視，許多白人同學勸我不要和黑人來往，白人用的公共廁所，不許黑人進去。一天中午，我和兩位德裔美人同桌吃飯，席間他們在大罵美國人不好，給鄰座一位美國軍官聽到，站起來質問他們是哪國人，弄得場面很尷尬。我想美國是個多民族的國家，各族之間的融合，確實是個很大的問題。

當時在奧古士塔只有幾個中國華僑，他們聽到祖國來了五位軍官在美國軍營裡受訓，感到非常光彩。一個星期天，他們開車到營區來接我們出去吃飯，主人是位老華僑，他單身在這裡經營一家中國餐館，邀來全市幾位重要的僑領，共同來歡迎中國軍官。席間，他用臺山話致詞，講到激昂處，他吟起中國詩來，熱淚盈眶，當時雖聽不懂他在說甚麼，但他這番熱情，卻使我們感動。鄰座華僑告訴我們，他是隻身來到美國，經過一生艱苦的拚鬥，現在年老，才稍有積蓄，他的家小都留在大陸，不能出來，他的事業沒人繼承，看到我們這幾位從祖國來的軍官，不禁感觸悲傷起來。

受訓期間三個多月，生活過得挺舒適，功課又無困難，每天吃牛排大餐之外，還比照美國軍官待遇，領取日用金（per diem），一百多天的日子，很快就過去了。我結業的時候，正是春光明媚的時光，奧古士塔小城，街道花木扶疏，市中心建有李將軍銅像，美國南北戰爭時，他曾率領南軍，幾乎席捲北方城鎮，直到今天，南方各州仍然崇敬李將軍（Gen. Lee）。當我離開時，我對這裡的風光，卻依戀不捨。

回程，我搭火車從亞特蘭大城向西行，沿著墨西哥灣，穿過米西西比河口大橋，到達紐奧良市，在這裡逗留半天，我曾到海港及市區觀光。這裡最早是法國移民開發的地方，商店街景充滿法國情調，我走到一家咖啡店，店名叫「兩姐妹」（Two Sisters），在庭院樹蔭下，品茗咖啡，情調極為幽美，我一直難以忘懷。

火車繼續西行，進入德州境內，沿途觸目所見，盡是黃沙遍地，人煙稀少，車行約兩天一夜，才到邊境艾爾巴梭（El Pass），這裡和墨西哥交界，走出車站，就看到墨西哥的市街，充滿西班牙的風光。火車停留時間甚短，我無法前去觀光。

又過一夜車程，到達加州重鎮洛杉磯，我停留三天，觀光好萊塢電影城，參觀電影拍攝現景，又到電影名星住宅區的碧富邑（Beverly Hill）山城，遙望山間一棟一棟的花園洋房，院中有碧水照人的游泳池，想像伊嫩蕙蓮絲的「出水芙蓉」的鏡頭，不啻是人間仙境。

我回到舊金山，住進屋崙美軍營房。當時韓戰在激烈進行，美軍調動頻繁，不容易得到機位，我要求改搭海輪返臺，想領略太平洋上的風光。最後美方還是安排我搭乘客機，原道飛回臺北。

十六、戰地政務

美國憲兵學校有一個班隊，名稱叫「軍政府」（Military Government），我知道之後，立刻引起我的興趣。我詢問軍政府的性質和功能，美方告訴我，這是美軍在歐洲軍事佔領地區，實施軍管，一方面要安定後方，救濟流亡人民，同時要動員佔領區人力物力，支援前方作戰。我認為美軍此項制度，對於將來國軍反攻大陸光復區的重建工作，有極大的參考價值。又鑒於我國沒有選派人員前來學習這門課程，結業前，我向校方索取「軍政府」班的全部教材，帶回國內，也許可以提供有關單位參考。

回國之後，憲兵學校在臺北三重埔復校，校長是吳志勛少將。我們五個在美國憲兵學校受訓回來的學員，依照國防部規定，一定要到憲兵學校服務兩年，擔任教官，把在美國憲兵學校所學的課程，轉授給我國學員。

四十二年夏，憲兵學校在臺復校伊始，一切都在草創中。我們這五個留美軍官，成了擬訂教學課程計畫的主力。同時美軍顧問團派來一位上尉顧問，常駐學校辦公，我們五人又成了學校當局與美軍顧問之間的聯絡官。

我們到憲兵學校報到之初，學校班隊尚未開課，吳志勛校長要我們先把美國憲兵學校的教材翻譯出來，作為課程參考，學校酌給翻譯費。我向吳校長報告，我帶回有美軍「軍政府」的教材，詢問學校有無需要？吳校長是湖北省選出的國大代表，他曾參加大陸光復設計委員會工作，聽到有這方面材料，要我儘量譯出，供給他參考。

所謂「軍政府」是佔領軍在佔領敵國領土之後，在過渡期間所實施的有效軍事管轄，使佔領地區內的人民，服從軍事管理，維護公共秩序，保護佔領軍安全，以及制定為治理佔領區所必須的各項法令。為達成軍事佔領的任務，第二次世界大戰，盟軍統帥艾森豪將軍率軍佔領歐陸之後，即任命葛萊將軍（Gen. Clay）為盟軍佔領區軍政府長官，對於軍政府人員的編組及其職掌的業務，均有明確的劃分，且有一套標準作業程序，對於盟軍佔領歐陸後，恢復地方秩序，撫輯流亡人民，管理佔領區資源，維護佔領區原有的經濟財政結構等，都曾發揮極大的效用。美軍軍政府在歐洲佔領區實施的經驗，後來在韓戰期間，用來維護戰區內的交通及安撫流亡人民，也發生很大效果。

我把美軍「軍政府」的教材譯出之後，吳校長極為欣賞，要我把美軍「軍政府」的理論與實踐，寫成一篇報告，陪同他到陽明山實踐研究院去演講。後來為國防部總政治部所採用，改為「戰地政務」，考選學員，赴美進「軍政府」班學習。回國後，在政工幹校設立「戰地政務」班，召集各級政府官員前來受訓，研討光復大陸地區戰地政務如何實施，作為反攻大陸的準備。

後來這許多發展，都非我當初始料所及，但我赴美受訓，能獲得一點成績，私心引以為慰，覺得不虛此行。

十七、脫下軍服

我在憲兵學校教書期間，仍把臺北南昌街孫公館視同我的家，課餘有暇，星期假日，我都會回到孫公館，繼續為老總服務，有時還隨同他出差。孫家也沒把我看成外人，遇到吃飯時間，就多加一雙筷子，與老總同桌吃飯。

國防部新規定：三軍總司令任期，一任兩年，一人最多不能超過兩任四年。民國四十三年六月底，孫老總任期屆滿，當時新聞傳播，一致推測孫老總會升任參謀總長。新命發表前夕，老總為同事徐士立兄證婚，陸軍總部參加喜宴的同事，都在宴席上，談論老總榮升，大家都認為這已經是確定的事，全場充滿了歡樂的氣氛。

次晨報紙發表總統命令，海軍總司令桂永清升任參謀總長，陸軍總司令孫立人調任總統府參軍長，消息大出意外。孫老總在陸總四年任內，為了他的整軍建軍的理想，不免得罪了許多人，傳說黃埔將領曾聯名上書總統，反對孫老總升任參謀總長，因而老總統臨時改變主意。孫老總得悉後，他自己倒不在意，可是對陸軍官兵的士氣，像是在熱頭上，澆了一盆冷水，大家失望極了。

在交接典禮的前一天上午，孫老總到桃園主持六十七軍新任軍長佈達式，我陪同他乘車前往途中，向他說出我心中的感受。我說：「總司令這幾年辛苦練軍建軍，現在陸軍已經像幼苗般的茁壯起來，倘能繼續培植下去，定可為國家建立一支強盛的軍力。今後如後繼乏人，不能繼續培植，則總司令多年來的心血成果，也很容易就會被摧殘掉了。」老總聽了，默然無語。我想老總所關心的，還是他的建軍理想未能順利完成，至於職位高低，他倒毫不縈心。

我陪同老總完成他總司令任內最後一項任務，回到家中，可算我追隨老總告一結束，我內心有一份輕鬆感。當天下午，陸總部全體官兵在大操場，歡送老總，我就沒參加，我認為今後應是我脫下軍服的時候了。

孫老總在參軍長任內，除了陪同總統參加重大典禮及軍事會議外，並無實際工作可做。一個忙慣了的人，突然清閒下來，自然很不習慣，這時開始練習打高爾夫球，生活卻悠閒多了。

民國四十四年夏，社會上散佈著各種流言，有的說老總的部下某某人是匪諜被捕了，有的說陸軍某單位發生兵諫，影射著部隊中的這些不安情況，多少與老總有關連。這時我也常到老總家裡走動，看不出有何異樣，也不便私下打聽。老總還是和往常一樣，遇到他看不慣的事情，仍是直言無諱，發發牢騷。

七月三十一日傍晚，我走進孫公館，庭院空寂，樓下室內沒有一人，原來門口的警衛人員，換成了憲兵，我感覺到情況有變，就去找陳良壎，想問個究竟，他竟到他表兄家吃飯去了，我內心還在責怪他，現在發生了事情，他們為何一點警覺都沒有。

第二天我再去孫公館探視，已經不許任何人進去了，我打電話去查問，電話也不通了。我又打電話給溫哈熊家裡，溫太太告訴我：「昨晚哈熊就沒有回家，不知道發生了甚麼事情，心裡非常焦急。」我又打電話去臺北醫院問老總堂妹璧人，才知道老總被軟禁了。至於為何被軟禁，沒有任何人知道，不過從當時情勢看來，是非常的嚴重。

一天我去看陸總老長官張佛千先生，老總堂侄孫克寬教授也在座，三人談論半天，都無從判斷發生了甚麼事情，也想不出任何挽救的辦法。最後張佛千先生說：「老總一生待人寬厚仁慈，遇有災難，應可逢凶化吉，生命絕對安全，我們無庸憂慮。」自然無法可想，那祇有聽天由命了。

過了一個多月，臺北大華晚報刊載一則外電簡短消息，說孫立人將軍受部屬牽累，生活自由受到了限制，語焉不詳，從中也得不到實情。一直到十月二十日，總統府正式發佈新聞，說孫立人因受「郭廷亮匪諜案」牽累，免除其參軍長職位，並任命九人委員會予以公正調查，消息見報之後，引起海內外輿論震驚。迄至後來九人委員會調查報告公佈，老總雖未被議處，但交由國防部隨時監管。

四十五年新春元旦，我照舊到孫府去給老總拜年，推門進去，憲兵警衛未曾注意到。看到孫府已經來了許多家人親戚，老總身穿絲棉袍，瀟洒從容，和往常一樣，談笑自若，閒話家常，沒有人談及案情，到了中午，一家人圍坐在一起吃年飯，氣氛格外顯得熱鬧，飯後，我搭乘孫至晶伉儷的便車一同離去，發現後面有一部吉普車跟蹤，我在半途下車，不知道是否逃過他們的監視。

在此期間，我照常到熟人家走動，有的朋友勸我生活要檢點些，以免引起麻煩。我心想我跟隨老總期間，從來沒有做過任何不法的事情，而且也從來沒有利用過老總的威權，得罪過任何人，包括士兵工友，也沒有無故說句重話，所以我內心很坦然。「孫案」發生之後，憲兵同事都知道我做過孫老總的隨從秘書，但從未有任何人查問過我。

這時我覺得不能再在軍中幹下去了：第一，軍人的工作與我的志趣不合，軍人要求絕對服從，不能發揮一個人的專長及潛能。第二，我又不是學軍事的，一個文人在軍中混不出任何名堂，更談不上甚麼前途了。第三，以孫老總這樣卓越的文武全才，在軍中流血流汗苦幹了一輩子，為國家建立了無數的汗馬功勞與不朽的功績，結果連自身的自由都失去了，怎不令人灰心！

當時三重埔家庭工廠林立，環境污染嚴重，空氣污濁，加以我的心境壞，情緒低。四十五年九月間，我經醫檢查，竟染上肺病。我遂藉此理由，請求搬出學校，在臺北愛國東路租屋居住休養，以免傳染他人。

我每天清早起來之後，步行到臺北植物園散步。見園內花木扶疏，生趣盎然，路旁高聳的大王椰子，枝葉搖曳生姿，充滿南國風光。我想天生萬物，祗要有適當的生存環境，就會得到充分的發展。樹木花草，有陽光水露的滋養，就會茂盛生長，人何不然？祗要養生有道，不要任意摧殘，身體自會健壯，因而我有了恢復健康的信心與希望。

我回到斗室之中，僅容一床，孤單一身，仰臥終日，面對天花板，空思遐想。有時我會假想我已死去，我還有何求？每當有此想念時，心靈中一片空白，未幾，就感覺到胸膛內滋生一股暖流，在腹內循環流動。我覺得這是人體內的自然生機，平時為俗務雜念所淹沒，而不自覺，等到夜深人靜，萬念俱空的時刻，生機自會顯現！

我在美受訓期間，視察美國是一個工商業發達的社會，人人都有平等發展的機會，各展所長，進步快速。中國自古以來的政治，就像黃河的水一樣，每代人都期望它清明，但水清何日？槍桿子雖曾出過政權，但未曾拯斯民於水火。過去的文人學士，都是家天下的附屬物，邀寵取幸，獲得一官半職，炫耀鄉里。近百年來，中國人所要追求的，是要建立一個現代化的富強國家。今天中國知識分子，要救國救民，須從工商業做起。一個社會工商業發達了，政治才會民主，人民才能享有自由富足安樂的生活。

我有了這種覺醒之後，下定決心，要脫下軍服，走入社會，從事工商業，即使從擺地攤做起，也要重新創造一番事業出來。小可開設一個商店，僱用數名店員，解決幾個人的生計，大可創辦一個工廠，提供許多人的就業機會，絕不再在軍中鬼混，白吃國家糧餉，誤盡一生時光。

當時軍中尚無退休制度，我想盡辦法，請求離職，均得不到批准，我可以不去上班，就是不准辭職，我無路可走。

這時同班好友黃天才，在韓國美軍中做了幾年翻譯官回來，賺了些美金，在臺北杭州南路買了一棟新居。幾個同學，商議一下，就在天才家的客廳中，擺了一張桌子，在大門口掛起一個招牌，開設「臺灣翻譯服務社」，為客戶翻譯中英文件，按照字數，收取翻譯費，由我每天值班，接收文件工作。當初參加的友人，有黃天才、陸以正、唐賢鳳、楊隆章、何顯重、方有恆、沈杉幾個人，每人出資新臺幣五百元，就做起生意了。

年輕人做事，野心大而不務實，大家認為賺取翻譯費，數額有限，不如開個英文補習班，教授學生英文，在當時臺北補習班尚未興起的時候，我們就在杭州南路租間教室，招生上課，開始時，學生不成問題，而我們幾個創辦人，都是兼職，臨時誰有空閒，誰去上課，天天換老師，學生覺得奇怪，因為沒有專任教師，辦了幾個月，補習班只好關門大吉。

楊隆章、黃天才、方有恆幾個人，又異想天開，要辦一份中英文對照的半月刊，選取世界名著，譯成中文，比照刊出，提供學習英文人士的參考，取名「中英文匯」（*Gems of Our Times*），於四十四年二月一日出版，發行了幾期，因為銷路有限，被迫自動停刊。

在中國日報（*China News*）服務的陸以正和沈杉兩位編輯，建議辦一份英文商情三日刊（Commercial Bulletin），把每天臺灣的商情，摘要譯成英文，打字在臘紙上，油印數頁，集合訂成，專供在臺外商參考，每月訂價二百元，訂戶約二三十家，收入足夠開支，而且還有盈餘，因而一直維持了很長時期。

老總統著的「蘇俄在中國」一書英文本在美國出版，唐賢鳳獲得陶希聖先生的支持，「臺灣翻譯社」取得在臺灣的獨家發行權，各機關學校訂購的甚多，賺了一筆錢，便在臺北愛國東路與上海路口租了一間店面，開創「聯合書局」，代客訂購外國書籍及科技雜誌，業務日見興隆。我一個人辦理業務，感到人手不足，乃邀請老友劉國瑞兄前來參加，協助書局工作。

一天下午，憲兵司令部派來兩名軍官，告訴我說：「警務處王介艇處長，要我去上班。」我以為他們是派來抓我的，便乘坐他們開來的卡車，到達憲兵司令部，王處長說：「憲兵司令特來查勤，責問你為何不來上班，而竟在外面開辦書局！」我回答說：「我是奉准在外養病。」王處長是我的鄉長，一向愛護我。他勸告我說：「你現在調為憲兵司令部附員，你就在我處裡上班。」我無從選擇，只有聽命了。

我每天到憲兵司令部警務處上班，處長也不分配工作給我做，整天坐冷板凳，滋味實在不好受，心情壞到極點，情緒更是低落。我在上班時間，無事可做，便埋首苦讀一本英文「林肯逸事」，給我精神上莫大慰藉與鼓勵。美國總統林肯一生都是在困境中奮鬥，我眼前所遭遇的挫折，與林肯的困境相比，實不足道，因而我力求上進的精神，再度振發起來。

正在窮途末路的時候，承蒙老友劉厚予兄向總統府副秘書長黃百度先生推薦，黃先生很禮遇，約我去他家裡吃晚飯，席間談得很愉快，同意我調到總統府第一局工作，我報到之後，上了兩天班，事情發生了變化。大概是總統府人事單位發覺我曾跟孫老總做過隨從秘書，認為安全有問題，不同意我到府裡工作。黃副秘書長打電話問憲兵副司令吳志勛少將，吳副司令說：「沈某人安全沒有問題，我願以生命擔保。」黃百度先生遂報告張群秘書長，張秘書長說：「我們辦事要崇法務實，跟在總統身邊辦事，不能有絲毫差錯。」因此我調職的願望落空了。

一天，我在報上看到中央社招考編譯人員，我就去報名應試，幸運獲得錄取。我請求憲兵司令部准我離職，憲兵司令部不但不准，反而責怪我未經報准，擅自參加營外考試。我申復說：「我自願參加黨營事業的考試，有何不可？」憲兵司令部派員通知中央社，不得讓我去做事。中央社答覆說：「你們可以命令沈某人不來工作，但中央社不能聽你憲兵司令部命令，不許沈某人來社工作。」當我去中央社報到時，中央社把此情形告訴我，問我的意願如何？我說：「中央社編譯工作時間，是在晚間八時至午夜十二時，並不影響我白天到憲兵司令部上班，只要中央社許可，我絕不顧後果，願來中央社學習。」從此我在中央社編譯部學習新聞翻譯工作，一直幹了四年多。

中央通訊社是一個現代新聞的專業機構，在蕭同茲社長創辦領導下，業務分工，已有了良好的規模，各人站在自己崗位上，勤奮工作，養成一種樸實苦幹的風氣。我每天晚飯後，步行上班。到社後，即由領班分稿翻譯，整整工作四個小時，沒有人偷懶，到了午夜下班，坐交通車回家。我在中央社工作四年，沒有感覺到有任何人事糾紛，只有成績好壞之分。我在新聞翻譯方面，沉潛學習了四年，使我的中英文有了很大的進步。

民國四十六年冬，同班好友潘明志告訴我，他已考取外交官，即將離開立法院，去外交部工作，他原在立法院外交委員會擔任的秘書職務，正在覓人接替，問我如果有意願，可以找一位相熟的立法委員，推薦我去工作。我知道後，非常高興，就去看政大學長吳延環立法委員，他很熱心替我籌劃。他說：「立法院慣例，各委員會任用職員，必須徵得三位召集委員的一致同意。」他遂安排我去見外交委員會三位召集委員的謝澄宇、謝仁釗、陶鎔，我分別拜見之後，他們三人竟然沒有異議，在召集委員開會時，一致同意我接替外交委員會秘書職務，並且要我立即上班，由立法院備文去函憲兵司令部，徵調我到立法院工作。

我在立法院工作了三個多月，當時朱建民老師在外交委員會擔任專門委員，主任秘書是詹行煦，他們對我非常關照，我在立法院工作很順利，慢慢獲得許多資深立委的欣賞。一天突然接到立法院人事室的通知說，憲兵司令部覆文來了，因我係留美軍官，不准我離開軍職，而且要我即日歸建，回原機關服務。這時我愣了，好像一聲雷響，打斷了我的生機！

詹主任秘書聽到消息之後，他比我還著急，就去和當時的召集委員王靄芬、李秀芬兩位商議，要立法院再去函國防部要人，公文正本送憲兵司令部，副本交由王靄芬及李秀芬兩位委員拿著去見參謀總長王叔銘上將，當面情商調用。李王兩位女委員向王總長說：「你們軍中有數十萬人，立法院因工作需要，僅向軍中調借一人，請破格特准。」王總長允交主管人事單位研辦。我又將我現在的困境，報告憲兵副司令吳志勛少將，希望憲兵司令部不要阻難。吳副司令對我處境非常同情。他說：「國防部主管人事次長鄭為元將軍，是他在軍校八期擔任區隊長時的學生，他願拿著憲兵司令部同意借調的公文，親自去見鄭次長，請他一定要幫忙。」我聽了這番話，覺得吳副司令為我調職事，這樣不辭煩勞，親自去奔波，使我終生感念。其實鄭次長是我在陸軍總部同事，相處甚好，但現在我不願去找他，因為我們兩人都跟過孫老總做過事，恐怕增添他的困難。就在這幾天我內心焦慮不安，如果再不能脫離軍服，我不知道我是否還有勇氣，再回到軍中幹下去。一天下午，我正在立法院伏案沉思坐立不安的時候，鄭為元次長親自打來電話給我說：「國防部已同意我調職，公文已經發出。」我像犯人得到釋放的消息一樣，軍服終於脫掉了。

就在我拼命掙扎要離開軍隊的時候，有一天聽說孫老總住在三軍總醫院醫病，我去醫院探視，在隨護人員不注意下，給我溜了進去，看到孫老總臥在病床上，我站在病床前，探詢病情，我想找幾句話來安慰他，看到孫夫人坐在一旁，一時靈感，我就對老總說：「佛家主張忘我，一個人在病中或在困境，倘能忘我，則可消除一切煩惱苦難。」我話還未說完，但見老總突然用手向桌上一拍，大聲的責怪我說：「大家都忘我了，國家由誰去救！」我聽了，心中一陣酸痛，幾乎掉下淚來。我想「國家已經不要你了，你還要去救國！」我還能再說甚麼呢？就辭退了出來。

十八、送終

我於七十九年十一月初回鄉探親歸來，見報載孫立人將軍病重消息，內心日夜不安，想見他一面。乃於十九日上午八時搭早班火車赴臺中，趕到孫府，已是十時四十分。庭院空寂，只見安平一人在家。我問孫將軍病況，他說：「家父已經臨危，正由榮總醫護車送返家中。」未久，醫護車到達，張夫人美英偕子女中平、天平、太平下車，隨侍醫師護士將孫將軍抬到中庭床上安睡，量血壓突降，得家人同意，將呼吸輔助器及點滴管拔除，孫將軍平靜地離開人世，時間是上午十一時十五分。

醫護人員離去，尼姑數名圍坐床前唸經超度，孫夫人及子女跪侍床側，我也隨同跪在孫將軍面前，口誦「喃無阿彌陀佛」，禱祝將軍靈魂升天。

跪禱了一個多小時，我在盤算如何料理將軍喪事。我站起來先打一通電話給行政院郭組長天佑兄，請他報告郝院長，孫將軍已經逝世。後來孫將軍三位妹妹菊人、寧人、璧人趕來，會商喪事如何料理，大家都認為這不是孫家可以辦得好的。正在徬徨不知所措的時候，鄭資政為元將軍聞訊從臺北趕來。他向孫將軍行禮後，即邀孫夫人及我們至隔壁房間，商議喪事問題，詢問墓地擇在何處。孫家認為目前只有暫厝於孫將軍生前經營之東山果園。鄭資政請孫夫人安心，他回臺北將向李總統郝院長報告，由政府妥善為孫將軍料理喪事。這時我焦慮的心情始安頓下來。

下午六時許，我隨鄭資政同車返臺北，途中談了許多往事。鄭資政說他在國防部副部長任內，因為是他業務主管範圍，曾為孫將軍增建住屋，囑付榮總醫院妥善照顧孫將軍醫療，並安排保全公司人員保護孫將軍安全。鄭資政為人做事之週到細密，是無人不知的，他對老長官的照顧自然更是無微不至。

十一月二十一日上午十一時，我約同張佛老一同去拜會鄭資政，鄭資政說：他已報告李總統，總統指示：從優安葬孫將軍，喪禮應隆重、樸素、不鋪張，以後治喪會就是根據此一指示料理。鄭資政同時也報告郝院長，院長指示一切依照軍禮辦理。因為孫將軍曾任陸軍總司令，依例由陸軍總部主辦，國防部及退除役官兵輔導委員會協辦。至於治喪委員會主任委員由誰擔任問題，我與佛老均認為鄭資政最為適當。鄭資政為人一向謙沖，推薦安徽鄉前輩楊亮功先生擔任。而且他親自去與亮功先生商議。鄭資政還說：他應菲律賓軍方邀請，明日啟程前往訪問，在出國期間，指定我與國防部、陸軍總部及輔導會居間聯繫，對於這份工作，我義不容辭。

十一月二十二日，我與國防部辦公室趙副主任淦成，陸軍總部王副參謀長賢志及輔導會馮處長傳勛四人在南昌街陸軍聯誼社商討喪事應辦事宜。決定墓地繪圖請輔導會榮工處蔡榮祥工程師先繪圖樣，交陸軍總部派工兵營建，棺木請孫家選購，孫將軍行述及訃聞等由我協調家屬商請許逖與柳作梅二位教授早為準備，一切費用，陸軍總部先行墊付，待鄭資政返國後請國防部支助。至於呈請總統褒揚令，由治喪會備文呈請內政部轉報行政院，由院會通

右：孫立人將軍閱讀美國雜誌。
下：孫立人將軍與長子安平（右）次子天平（下右），次女大平（下左）、侄兒至隆（後）合影於臺中住宅。

過，呈請總統頒發。一切商妥後，就在陸軍聯誼社共進午餐。此處原是孫將軍初來臺灣時故居，觸景傷情，內心難免感觸，當年盛況已無可尋矣！

孫將軍逝世消息傳出後，政府首長、社會賢達，幸孫家親屬及將軍故舊聞訊從海內外趕來，自動前往孫府照料協助，尤以立新社同仁，不分晝夜，大家心甘情願，都想給老長官盡一份力，把喪事辦得盡善盡美，為老長官爭取最後的榮耀。

鄭資政返國後，於十一月三十日上午九時，在三軍軍官俱樂部，約同國防部趙副主任淦成、陸軍總部王副參謀長賢志及輔導會馮處長傳勛及張佛千、孫善治等人會商喪事料理情形，各人就其所辦理事項提出報告，鄭資政一一予以裁決，並就明天召開治喪會應行商討事項作一番準備。我提出內政部呈請總統頒發褒揚令事，尚未提出行政院院會討論，鄭資政允再催辦。

十二月一日上午九時，在三軍軍官俱樂部舉行孫將軍治喪會，與會者約有百餘人，推選鄭資政主持。會中榮總臺中分院院長報告孫將軍病情如後：

「孫將軍從七十二年四月開始，每年都來本院做住院體檢。當時主要發現有主動脈粥狀硬化，脊椎退行性關節炎。此後定期在復健科做物理治療。七十三年發現攝護腺肥大及多次合併泌尿道感染。七十六年十一月發現有心律不整現象，經裝上心律調節器後，症狀消失。七十七年四月體檢時，發現有巴金森症，給予藥物控制。七十八年至七十九年間因胃炎、便秘、肺炎等病前後入院治療七次。七十九年十月十一日因巴金森氏症發生吞嚥困難住院，十月二十六日因病情改變，又發生呼吸困難，經檢查發現肺水腫、心包膜及左側肋膜積水，轉送加護病房，由相關科主任成立醫療小組，並請副院長葉慶瀾醫師為召集人，經過緊急處理與治療後，病情逐漸穩定，於十一月一日轉回病房，不料四日清晨又因肺炎合併敗血症，再入加護病房，五日併發肺水腫，必須靠呼吸器輔助呼吸。除了肺病疾患外，腎功能、心臟功能又相繼衰竭，逐漸陷入昏迷及彌留狀態。經家屬要求於十一月十九日上午十時四十五分自動出院，將軍返家後，於同日上午十一時十五分心跳及呼吸停止，壽終寓所。」

會中決定治喪委員會主任委員恭請楊資政亮功擔任，副主任委員推請鄭資政為元、閻振興主任委員、許歷農主任委員及陸軍總司令黃幸強上將擔任。凡參加治喪會者均為委員。美國維吉尼亞軍校代表葉晨暉博士攜來校旗，請求覆蓋校旗。國立清華大學校友代表洪同請求覆蓋清華校旗，並推請許歷農、溫哈熊、黃幸強、羅本立四位上將覆蓋國旗。另推請陸軍總部王副參謀長賢志擔任總幹事，立新社樊仲英擔任副總幹事，最後由孫將軍男女公子中平、安平向治喪人員叩謝。

在十二月七日公祭前夕，鄭資政趕往臺中，親往墓地察看，見已大體完工，又至臺中殯儀館督導佈置靈堂，在場孫將軍舊屬最感焦慮不安的，是總統府的褒揚令尚未頒發，直到午夜過後，總統府始派專人送到，這時大家加緊佈置，到了天亮才算完竣。當天夜晚從海內外趕回來的，孫將軍親友舊屬，都齊集孫府，為將軍守靈。

十二月八日上午七時，孫府舉行家祭，有家屬舊部百餘人參加，孫夫人及四位子女皆泣不成聲，部屬無不淚下，歷一小時。隨即移靈至臺中市立殯儀館，陸軍總部派五百名樂儀警衛人員護送。

孫將軍靈前中央佈置總統褒揚令與旌忠狀，兩旁擺設蔣夫人美齡花圈，以及李總統、嚴前總統、李副總統、五院院長致贈的輓額，和孫將軍生前獲得的國內外勛章，靈柩周圍佈滿黃白相間的菊花。四周牆上掛滿了輓幛及輓聯。其中最引人注目的是前監察委員陶百川先生送來一幅「忠義遺憾」輓聯，換為「忠義昭著，公道伸張」。和一位仰慕孫將軍的日本打狗縣埤頭市吳明勝致送的輓聯：「支那人民多少淚，中華從此無將軍。」我也致送輓聯一幅，表達我的哀悼：「帶兵如子，用兵如神，基地練新軍，未酬壯志英雄淚；戰無不勝，攻無不克，異域征倭寇，勇振天聲軍人魂。」在喪禮進行中，一群大學教授包括東吳大學校長楊其銑、中央研究院近代史研究所所長張玉法等學術界人士，當場展示一幅紅色輓幛，上面寫著「中國軍魂」四個大字，表達他們的敬意。

公祭從上午九時開始，參謀本部，陸海空軍總部、軍方和民眾，分別依其單位，組織成隊依序陸續進入靈堂祭拜，尤以舊部新一軍、第四軍訓班、女青年大隊、幼年兵總隊，均行跪拜禮，不少老兵跪在靈前哭泣，由旁人扶著離去。

上午十一時三十分舉行覆旗典禮，先由總統府資政鄭為元上將主祭，繼由清華大學劉兆玄、李榦、張昌華、洪同覆蓋清華大學校旗，接著由溫哈熊、葉晨暉、溫子儉覆蓋美國維吉尼亞軍校校旗，最後由許歷農、溫哈熊、黃幸強、羅本立四位上將覆蓋國旗。

下：孫立人將軍墓園全景
左：美國維吉尼亞軍校在校史館中特設櫥窗展出孫立人將軍畫像及戰勝日本的勝利品等遺物，供人景仰。（葉晨暉提供）

祭禮由上午九時至中午十二時許，為時長達四小時，前來行禮的有國防部陳部長履安等近萬人。場面隆重肅穆，氣氛樸素哀戚。

下午一時出殯，由十名憲兵抬起靈柩，緩緩將銅棺放進靈車，由靈堂發引，前往東山墓園。出殯隊伍由十二輛憲兵機車開道，緊接在後的是高懸李總統頒贈的「軫念勛猷」輓額，六輛勛章車，中間是孫將軍靈車，最後是送葬車隊，前後約一公里，沿途路祭者紛紛燒香燃炮拜祭。

下午三時，靈車抵達東山墓園。禮兵將孫將軍靈柩安放進墓位上蓋後，家屬故舊數百人在鄭資政率領下，向孫將軍行最後敬禮。空谷中，鳴放葬槍，吹安息號，參加者聞聲潸然淚下，默祝孫將軍神靈，與山木常青，光耀天地間。

陸、中央社編譯

民國四十四年十月，政府明令公佈孫立人案，不但震驚海內外人士，對我確實是一次震撼教育。我深切感受到以孫之學識能力及其一生之事功，而今竟遭軟禁，連人身的自由都沒有了。我何德何能，敢望背項，因而名利之心不破自滅，也可說看破了名利二關，人生境界因而提升了。

一日，無意間看到報上刊載一則中央社招考編譯人員，我便去一試。這時我的好友馬全忠、張復禮兩人都在中央社編譯部任副主任，我也不願意去和他們商量，怕他們知道了，反而為難。

不久，中央社通知，我竟考取了。事情卻被憲兵學校查知，命令我不得前往工作，並指責我未經請示，竟擅自前往考試。我寫了一封報告給校長吳志勛，說明中央社是黨營事業，而且僅錄取我一人，應是憲兵之光，何罪之有，事後想起來吳校長愛我深厚，未再追究。

後來我到中央社報到，中央社承辦人員告訴我：憲兵司令部派員通知中央社不得准許我工作，中央社答覆說：中央社是黨營事業，不受憲兵司令部管轄，你們可以命令沈某人不可前來工作，中央社用不用沈某人，你們管不著。碰了一鼻子灰回去，但對我並未有何處罰。我回答中央社說：不顧後果如何，我願來中央社學習。中央社允我次日即可上班。

這時我心中毫無畏懼，次日我到中央社上夜班，每晚八時到午夜十二時，當晚編譯部領班林友蘭，分英文新聞給我筆譯，我譯好每則新聞，他酌予修飾，即由中央社向各報社發表，次晨我譯的新聞，各報以頭條刊出，第二天上班，林友蘭特別給我鼓勵一番，增加我信心不少。

編譯部主任王芒先生，是一位終生從事編譯一絲不苟的工作者，翻譯英文一向講究信達雅，可是英文新聞的翻譯更重視「信」，不能有錯失，而且新聞翻譯更要快速，趕上時效。因而中央社英文新聞翻譯，要求逐字逐句翻譯，譯出的中文，有時不免不中不西，不文不白，如果查對原文，很少錯失。我在中央社學習英文新聞翻譯工作四年多，深感自己英文程度太差，而中文表

中央社編譯部

總編輯沈宗琳

達的能力也不夠順暢，真是書到用時方恨少，乃加倍努力學習，在翻譯技巧上有點進步。而英文和中文同樣深厚，不是短期訓練出來的，而需要長時間培養。

我每天晚間八時至十二時，在中央社扎扎實實工作四小時，一上班即開始翻譯工作，沒有休閒時間。我因白天在立法院工作，每週還要到幹校教課十二小時，有時在中央社工作到夜間十一時許，不免感到有些疲乏，不好意思在辦公室打盹，實在撐不住的時候，我偷跑到隔鄰自由之家，坐在沙發上閉目養神十幾分鐘，再回到中央社打拚到午夜，方能下班坐公車回家睡覺。

我在中央社工作四年，深感中央社建立一套良好工作制度與良好風氣。每個工作人員就是一部大機器的螺絲釘，各就各位，各做各人的工作，做完就走，走後自有人接班，各不相干，沒有一般機關的人事糾紛。而且中央社人員的品德素質都很高，沒有新聞圈中的壞習氣，這一良好規模，社中同仁都認為應歸功於創建中央社的蕭同茲先生，大家都習慣稱他蕭三爺。我進中央社是在四十四年底，當時社長是曾虛白，總編輯是沈宗琳，曾社長白天上班，我很少看到他。我晚上上班，常聽到沈宗琳總編輯的笑語聲，他在每週業務通訊上撰寫的「編政隨筆」文字流暢風趣，是我必讀的文章，從中得知社務各種情況。他說：從事新聞工作人員，「必須具有一種高度熱情的追索與趣。」我從中獲益匪淺。

柒、立法院秘書

民國四十八年冬，我初進立法院工作，辦公場所是借用臺北中山堂二樓走廊辦公，顯得狹仄擁擠。可是我剛脫離軍中嚴格管束，心情反得舒解。當時立法院長是張道藩先生，他是我初進政校的教育長，雖然互不相識，但在心情上覺得有了依靠。我在外交委員會工作，專門委員是朱建民先生，他曾任政校總務長，為人正直不阿，對於我這個學生自然愛護有加。當時政校同學在立法院工作的很多，我的同班同學就有數人，我有如同回自己學校工作的輕鬆感。而且立法院各委員會，編制上雖屬於秘書長管轄，實際業務則聽命於召集委員指示，平時日常工作則由主任秘書主持，當時主任秘書是詹行煦先生，他是湖南人，行事謹慎，公文老練，當時外交委員會有三位召集委員，分屬三派，每週開會一次，決定審查法案及邀請外交部長報告政務或駐外大使回國報告駐在國政情。開會時由速記員紀錄，會後由我撰寫一篇新聞稿交新聞室送給各報社發表。工作清閒。

當時外交部長是葉公超先生，他中西學養深厚，辯才無礙，每次邀請他來外交委員報告外交政策，他高談闊論，甚受委員們歡迎，因他口無遮攔，對委員們的質詢，亦常反唇相譏，因而委員們又愛聽他高論，又討厭他隨意指摘。例如謝仁釗委員，曾患癲癇病，有一次質詢外交人員甄選標準，葉外長隨口回答說，絕不要患有癲癇病的人。謝委員氣得面紅耳赤。

葉部長每次到立院外交委員會報告，都是空手而來，不帶任何資料文件，沒有隨從人員，隻身大搖大擺進來，上臺也不與委員們打招呼，就問今天你們要我講甚麼？一味大學教授講課的派頭，視立法委員如同學生，當時外交委員會有的是學有專長的名教授和聲望卓著的社會名流或黨政要員，看不慣葉部長對他們的輕視，有一次群起而攻之，與葉部長大起辯論，繼而爭吵，到了日落西山，不得結束。葉部長說：我們暫時休息吃飯後，我們再挑燈夜戰，憤憤而去。到了夜間八時，葉部長搖搖擺擺低著頭走進會議室，續與立委們辯論不休，迄至夜深，始不歡而散。

我記得有一次駐沙烏地阿拉伯馬步芳大使發生緋聞，外交委員在會中紛紛質詢葉部長，葉部長從容起而答詢，從馬步芳的家世，避居沙烏地阿拉伯，談到出任大使經過，再從回教信仰談到回民的習俗，歸結到馬步芳大使與沙烏地國王的交往以及中西貿易絲路，足足兩個小時，給主委們講了兩個小時的中西文化交通史。還有一次，不記得討論甚麼問題，葉部長扯到京劇上去，他對京劇如數家珍，從生旦淨丑談到武生如何綁腿，他都一一示範，顯示他多才多藝。

政府發表葉部長出任駐美大使，外交委員會在中山堂二樓前廳舉行茶會歡送。委員們紛紛上前向葉部長道賀。葉部長回答說，任何人在一個位子，幹同樣工作八年，都不免有些疲倦感。接著他又說，在我任外長八年期間，我感到各位委員質詢的品質有很大的提昇。委員們聽後免不了氣惱，但在這樣場合，又不便發作。

過了一年多，駐美大使葉公超返國述職，外交委員會邀其報告「中美外交關係」，事先知道小會議室不夠用，改在大禮堂舉行，仍然擠得水洩不通。葉大使這時風光滿面，惟不改其文采飄逸的神態。他上了臺，講起話來滔滔不絕，從衛星上太空到核子潛艇深入北冰洋，無所不談，大家聽得津津有味。一位委員起立問美國朝野對中華民國立委的看法，葉部長直索了當的說：他們認為你們是一堆垃圾，當面澆來一盆冰水。

民國五十年十一月中旬，時值聯大開會討論蒙古申請入會，中美立場發生爭執期間，國府令葉公超大使回國述職，未久國府命令免去葉駐美大使職務，國內外人士大為驚訝，連葉本人亦不知所措。一般傳言，都認為葉主張我國對外蒙入聯合國案不應投反對票，因為此舉將得罪非洲法語國家，對我國在聯合國代表權案有不利影響，與老總統的漢賊不兩立的國策違背。實則亦與葉的文人的率直性格有關。

據傳駐美文化參事曹文彥曾於民國五十年春天寫了一篇英文文稿，被葉大使當面斥責其英文不佳，不許其對外發表，在兩人爭辯時，曹抬出是遵照蔣總統理念，企圖說服葉大使，葉隨口說出「他懂得甚麼外交」。曹挾憤報告教育部長張其昀，蔣聞悉大怒，認為葉在外侮辱元首，傷心痛憤。

事後據外交部條約司長劉蓋章在「傳記文學月刊」上發表一篇文章，題目為「也為葉公超先生說幾句話」，大意是指一九六一年十月某日，在華府的葉大使與在紐約的沈部長通長途電話後，沈部長寫了一通電文報告蔣總統，因而有人誤為葉之去職是沈部長打的小報告。依理而論，葉大使在華府與美方商談外蒙入會案，美方為支持我在聯合國代表權堅決主張我國不能投票反對外蒙入會案，葉部長將美方立場告知沈部長，而沈部長率團參加聯合國大會，深知反對外蒙入會是我政府國策，現葉與美方有不同主張，他站在外交部長的職位上，必須將葉大使與美方交涉結果，詳呈蔣總統，這是他的職責所在，無法逃避。事後招來毀謗，多為挾怨而言，不足怪也。

葉大使去職之後，政府任命其為行政院政務委員，這只是一個空位子，無事可做。國立臺灣大學英文系主任，與葉友好，聘葉先生至臺大講授英國文學。臺大師生聞葉部長前來講授英文詩，課堂擠滿聽講人群，祇講了三次，遂奉令停歇。葉先生終年無事可做，常與老友名士畫家，杯酒釋懷，在他臨終前，承鍾壽仁兄為我向葉部長要來一幅親筆書寫的對聯，文曰：

常作江上煙客主人

盡交天下賢豪長者

我國駐在各國大使返國述職，立院外交委員會一定邀請其來會報告駐在國國情及與我國之關係，會後由我撰寫一篇新聞稿，供給新聞媒體發表，次日各報多以頭條刊出，受到外交部的重視，我想這是沈昌煥外長指定要我進外交部工作的緣因。我既非外交系畢業，也無意進外交部工作，但是我在外交委員會工作四年，常常聆聽外交部長報告我國對外政策與國際情勢的演變，以及駐外大使報告駐在各國的國情及與我國的關係，比讀外交學課更為實際。而且，各國外交政策，攸關國家最重大利益，都是經過各國政府擬定的。兩國交往，如國策相同，例如冷戰期間分民主與共黨國家，當時我國國策反共，自然與民主國家的外交，容易辦理。後來美國企圖聯絡中共反蘇，則我國對美外交處境，至為艱困。我曾記得一位大使說過一句話，每個國家外交人員都是國之精英，雙方交涉國家重大事務，不可能全如我意，能佔一分便宜，就算勝利。

立法院有一位同事，懂得命理，常為人看相算命。一天我請他算命，他說我年近四十，應該趁早結婚，以免誤了青春，說動了我的心意。民國四十八年冬，好友邢公倜邀我參加一個舞會，遇到任培真女士，一見鍾情，我窮追不捨。皇天不負苦心人，終獲芳心，乃於四十九年二月四日在法院公證結婚，黃永世邢公倜兩友是我倆的證婚人。婚後借住馬國驥老師在齊東街買的一間房舍。未住多久，我進外交部工作。搬進外交部新建的北投致遠新村宿舍，環境安靜，婚後生活美滿，五十年一月十三日，我妻產下一女，名康麗。五十一年六月四日又添一男，名春田，兩個孩子都長得活潑可愛，家中增加無限樂趣。

沈克勤與愛妻任培真、女康麗子春田合影

捌、初進外交部

民國五十年秋，一天，同班好友舒梅生，電話約我到他家晚餐。當時他任外交部條約司幫辦，席間他邀我到外交部工作。乍聞之下，一時不知如何作答。因為我這個人自幼雖有很多夢想，但從未想當外交官，因為當時我有三個正式工作，在立法院外交委員會任秘書，我勝任愉快，工作又輕閒，白天我可以到幹校教課，晚間又在中央社任編譯，工作雖忙，但我都很有興趣，未有想到另謀工作。而且外交工作，要有專業學養，更需具備外交技能，而我都不具備這些條件。梅生兄提出邀請，當時我又不便立即拒絕。我委婉回答說：「等我回家與內子商量。」內子任培真認為做外交官，「可以出國」，這句話打動了我心。因為當時國內政治氣氛低沉，我因受孫案影響，對名利仕途已經絕望，能「乘桴浮於海」，不失是一良途，乃肯定的回復梅生兄：「我願意去外交部工作。」

不久，外交部致函立法院，徵調我去外交部工作。依照當時規定，須經過安全檢查，外交部人事室去函臺北市調查處徵詢意見，三月未有回覆，我到立法院人事室查詢，人事室一位安徽老鄉對我很好，他自動到臺北市調查處去催辦，回來對我說：調查處查到有一位與我同名同姓涉案，因而迄未回文。我想我這位老鄉替我說了好話，我這才過了關。外交委員會郭德權委員，聽說我要去外交部工作，他有點不捨。他說：「你到立院工作時間太短，不應離開」。不過有些委員說：劉鍇大使曾在外交委員會工作過，後來轉至外交部工作，現任駐聯合國大使。他們舉這個例子，鼓勵我好好去從事外交工作。

一、外交學徒

我到外交部條約司報到，司長劉蓋章要我先替他覆一封私函，作為試題，我撰好之後，他看了，說我沒有打標點符號，我乃知道他對部屬要求非常嚴格，即使部屬擬一個便條，他都一改再改，改完後還要清稿，重抄一遍，送上去，他還要修改，許多部屬受不了，叫他「劉緊張」。我被分派承辦聯合國亞洲經濟委員會業務。外交文牘有一套程式，初辦我不了解，劉司長指示要先查卷，依照先例辦案。條約司檔案擠滿檔櫃，查閱檔卷要花費許多時間，忙時更易錯亂，工作真是緊張。

劉司長指令我們承辦某一案件，先要就全案撰寫一篇扼要報告，這樣才能瞭解案情來龍去脈，辦案時才知如何下筆。而且須依照程式，撰寫外交文牘，文稿送上去，他一改再改，要你重新清稿，我經此磨練，學會了很多外交規章。

經過劉司長一年多的教導，我對承辦的業務，逐漸熟練。五十一年秋，同事黃傳禮外放聯合國代表團工作，他經辦的我國代表權業務，交給我接辦。當時維護我國在聯合國的代表權是我國最重要的外交工作，業務非常吃重，接辦之初，我對業務又不熟習，每天忙得天昏地暗，吃了不少苦頭。尤其當聯合國十七屆大會召開之後，業務之繁忙，連上下樓都要跑，才能趕上時間。因為聯大在紐約開會的時間，正是臺北夜間。我國代表團遇事須先向外交部請示，而外交部必須即時予以指令。當時我國駐聯合國代表團團長是劉鍇大使，他從聯合國初創時即在聯合國工作，對聯合國業務之熟練，無人能出其右。以他這樣老練的外交家，遇事向外交部請示時，乃由我這個外交學徒，擬稿答覆，指示戰場老將，真是好笑。我祇有查閱檔卷，依循舊例辦理，誠惶誠恐，生怕出錯，誤了國家大事。

五十二年夏，聯合國通過核子禁試條約，要求各會員國簽署，此時適值外交部沈昌煥部長出訪非洲各國，爭取友邦支持我在聯合國代表權，部務由政務次長朱撫松代理，指示條約司函詢我國駐外各館意見，各館呈報意見有贊成簽署，也有反對簽署，條約司須將各館意見，逐件呈報遠在非洲的沈部長，條約司還要綜合各館意見，擬成專題報告，由朱代部長向立法院外交委員會及中央黨部政策會提出報告，最後呈報總統核定，我國決定參加簽署。我這個承辦人為了此一案件，忙得昏頭轉向，最後獲得劉司長讚賞，派我參加九月聯合國十八屆大會我國代表團秘書，給我一個實習機會。

二、出席聯合國大會

九月底，我乘機飛美，首站抵達西雅圖，停留數天，駐西雅圖總領事賴家球是政大十一期學長，他邀我到他官邸晚餐，暢談外交經驗。賴總領事風采俊秀，談吐優雅，是一位優秀的外交官，後調部出任發言人，不幸短命逝世，國失良才。繼而搭機飛往紐約，由我國駐聯合國同事安排我住在哥倫比亞大學附近一個公寓內，租了一間房，租金較為便宜，我每天須搭地鐵到我國代表團上班。這時我國駐聯合國首席代表劉鍇大使，副代表是薛毓麒大使。劉大使是一位老外交家，忠厚長者，薛副代表精明幹練，由條約司司長外調駐聯合國工作，辦事認真，一絲不苟。我被指派為我國出席聯合國第四委員會秘書，每天隨同我國出席第四委員會代表參加會議，當時第四委員會主要議題是非洲各殖民地國家紛紛要求獨立，非洲各國代表發言，都是指責英法殖民帝國在非洲壓迫人民的各種不當措施，而且都是能言善辯的外交高手，一站起來講話，就滔滔不絕，大多數法國殖民地都用法語發言，我完全聽不懂，枯坐大會堂中，又不能不正襟聆聽，尤其是午飯後開會，會議室內，暖氣薰人，不由自主的昏昏欲睡，但又不敢偷睡，怕被記者看到，拍照發表，成為笑談，真是苦不堪言。

我國代表團為了維護代表權，聯大開會期間，臨時調來駐在歐、亞、非及中南美洲主要國家的五位大使，前來協助拉票、催票，確保代表權萬無一失。調來參加代表團的駐外大使，都是重要使節，每週由劉鍇大使召開會議一次，研商因應策略。我記得有一次邀請駐美大使蔣廷黻蒞會討論，會中駐外各國大使提出問題請教，蔣大使不愧為是一位名歷史學者，答覆用詞簡明扼要。駐教廷周書楷大使提出政府何時反攻問題，蔣大使答覆說：現在政府只剩下臺灣這點本錢，非有把握，不可輕舉妄動。

聖誕節前，聯大閉幕，我是出席聯大第四委員會秘書，負責撰寫報告書，為了趕寫這份報告書，我在辦公室內寫到午夜，一位清潔老婦，說我太辛勞，勸我早點休息。

我在聯大三個月開會期間，聆聽各國元首在大會發表演講，各國首席代表在大會中辯論，都很精彩。代表們在安理會及各委員的討論，都是國際間重大問題，親臨其間，耳濡目染，真是最好的外交人員訓練場所。

聯合國第十八屆聯大結束，聖誕節清晨，同事開車送我登機，經六個小時飛行，抵達舊金山機場，好友潘明志前來迎請，並邀我住在他家中，他有三四個幼齡兒女，駐金山總領館業務繁忙，他白天忙於工作，下班回家，又要幫助潘大嫂照料小兒女，我看到他們辛勞勤苦，我才瞭解駐外同仁的艱苦生活。

在金山停留兩日，繼飛東京，東京是我十年前舊遊之地，中央日報駐東京特派員黃天才兄，是我同窗好友，來旅社相見，談笑歡樂，為我洗塵，一解旅途勞頓。從東京登機續飛，見到薛毓麒大使乘坐同一班機回臺北。到臺北下機時，看到外交部許多同事前來迎接薛大使，而我手中所提的物品，肩上所負的包袱，多數是紐約友人託付帶回送給他們親友的禮品，當時臺灣物資缺乏，女人一雙絲襪，男士一件領帶，都被視為珍貴禮品，我身上背負一堆東西，看到部中長官及同事前來接機，我連握手都伸不出去，感到很尷尬。我自己在紐約買了一台冰箱，交船運臺，當時臺灣連冰箱都缺乏，內子看到很歡喜。

三、條約司擴編為條約與國際兩司

回到部中工作不久，條約司擴編為國際司與條約司，原條約司第一科擴編為國際司，下設第一科承辦聯合國業務，第二科承辦非政府間國際組織。改組前時我原任第一科科長，第二科科長是同班好友錢愛虔，為了爭取業務，他寫了一篇長文，認為凡聯合國業務中牽涉及法律案件都應劃歸條約司。我為了息事寧人起見，凡是他要的，我都同意劃撥給條約司，因為當時國際司主辦我國代表權問題，已忙得不可開交，沒有時間再多管其他業務。後來我外放之後，再度回部出任條約司副司長，回想當時我讓出去的業務，現在又回到我來承辦。

國際司下設兩個科，第一科主辦聯合國業務，第二科主辦聯合國專門機關及非政府間國際組織業務，我升任第二科科長，科中有四位科員，第一位是精通日文的張庸夫，中英文亦佳；第二位是精通英文的姜孝靖，第三位是法文博士陳泉生，第四位是通曉聯合國五種官方語文（中、英、法、俄、西班牙）的曾燕山，其中尤以張庸夫和姜孝靖兩人都是外放回部任職，依例應升任科長，現仍任科員，心中有些不平。我初任科長，有時要看他們顏色，他們擬的文稿，我核稿時，有不妥處酌加修改，他們顯然不悅，我對他們說：我的職務就是核稿，看到不妥處，應予改正。後來與姜孝靖達成協議，我改正後的文稿，由他清稿（重抄）後再送上去呈閱。

後來國際司第一科科長史克定外放德國柏林代表，我轉任第一科科長，當時維護我國在聯合國的代表權，是我國外交的最重要任務，工作繁重。在第一科工作的同仁，都是一時之選，有林尊賢、吳子丹、詹憲卿、程品金等人，每天都忙得不可開交，有的公文需要把握時間，只有親自拿著限時公文，快步上樓到打字房，拜託打字小姐快速打字，趕時發出。

五十四年，劉藎章司長外放日內瓦，出任我國駐聯合國分部代表，由法國調部之高士銘接任司長，高司長待人平和，司中緊張氣氛輕鬆下來。但這時我國邦交國越來越少，維護聯合國代表權愈加困難，到了五十五年聯合國為我代表權投票時，我徹夜坐在辦公室，等待聯合國對我代表權投票結果，天將破曉，電訊傳來，支持與反對我在聯合國的代表權票數相等，萬幸使我國代表權獲得確保。

高司長認為我在部內工作已有四年多，勞績備著，向當時政務次長沈錡呈報，依例應該外放，沈次長說：現在祇有駐泰國大使館領事出缺，已徵詢亞太司兩位同仁，他們都不願去，不知沈科長是否願意？高司長垂詢我的意見，當時我對外館情況一概不知，打電話徵詢我妻任培真意見，她認為能出國就好，於是我表同意，獲任駐泰國大使館領事工作。

玖、駐泰領事

民國五十五年九月，外交部派我任駐泰大使館一等秘書兼領事事務，我接到部令後，方知新任駐泰大使是由參謀總長彭孟緝調任，我因在軍中工作多年，深知軍事長官對部屬要求嚴格，我有點畏懼，但人事命令已經發表，木已成舟，改變已不可能，祇有束裝就道。

十月初，我攜眷啟行，由臺北搭機飛抵香港，停留數日。當時外交部同仁外放，都是先到香港治裝，因為香港價廉物美。泰國是君主立憲國家，初任大使晉見泰王呈遞國書，須穿燕尾服，隨員在各種正式場合，也須穿燕尾服，我在香港訂製一套。同時在香港遇到中央社老同事林友蘭，陪我遊覽當地名勝。

我於雙十國慶前五日抵達泰國首都曼谷，同仁臨時把我安頓在碧武里路一家民宅居住，彭大使亦於國慶日前抵達，主持慶祝國慶酒會，這時是駐外大使館最忙的時候，幸好駐泰公使董宗山，是從駐紐約聯合國代表團調來，辦事經驗老到，一切籌備就緒，順利進行，結果圓滿。

我的前任駐泰大館一等秘書鮑文年，是一位忠厚長者，他因同情前任駐泰大使劉馭萬不幸逝世，得罪了曼谷中華總商會主席黃作明而調部，我來接任，他給予許多協助。當時駐泰大使館領事部有兩位副領事，金樹基與葉孟銘，都精明能幹，接任領事工作，至感順利。

我到任之初，正逢泰國僑社活動最頻繁的時節。凡是僑團有重要的活動，大使均須前往

參加，我必陪同照料，次要的活動，大使不去，我須代表參加，我深知軍人長官對部屬要求嚴格，無論參加任何活動，我都不敢怠忽，事前要作充分的準備，臨場要應付各種狀況，這樣緊張地忙了三個月，我的體重瘦了七公斤，因而我對泰國僑社逐漸有了些認識，與泰國僑領不斷接觸交往，慢慢也建立起友誼。

一、華人移殖泰國經過

中國人前往泰國，約在一千多年前。漢書記載：「自粵徐聞合浦船行五月有都元國（在婆羅洲北岸），再船行二十餘日有諶離國，步行十餘日有夫甘都盧國。」諶離國及夫甘都盧國，在今泰國巴蜀與春蓬之間，可知早在公元二世紀時，泰國已有華人足跡行蹤。公元七九五年，有十名潮洲人前往泰國，教授泰人製作陶器。今日泰國最有名陶器為宋膠洛陶器，其形式、彩紋、顏色與我國龍泉陶器甚為相似。我曾參觀清邁附近一家製陶廠，看燒出來的陶器，經過改良，有泰國文化的特色。

㈠在素可泰王朝時期，藍甘杏大帝（Ramkamhaeng）曾於一二九二年開始派使前往中國，先後派使往中國進貢九次，元朝亦派使臣答訪泰國三次。一九八七年四月，泰王蒲美蓬之姐來我國訪問，她是一位歷史學者，我曾陪她參觀臺北故宮博物院。當時的秦孝儀院長特為她打開地下庫房，讓她查尋中泰古代文物。她曾發現一金葉表文，銘刻有許多泰文，此原為暹羅王藍甘杏於一二九九年派遣太子昭祿羣膺來我國朝貢之物。

國。

㈡中國明代（一三六六—一六四四）和泰國大城王朝雙方使節交往最為頻繁，明朝先後派使十九次往訪暹羅，大城王朝曾派使至中國多達一百零二次。明代鄭和下南洋，亦曾到過泰國。

㈢到了清代（一六四六—一九一一），中泰兩國人民乘用帆船，相互通商，往來更加頻繁。當時中國輸往泰國主要貨物是瓷器、銅器和絲織品，泰國向中國出口的是大米、胡椒、降香及蘇木等，中國人隨著商船前往泰國移殖的，亦逐漸增多。

㈣當節基王朝（即拉瑪王朝）於一七八二年在曼谷開始建都時，需要大批工匠，遂向我國招募，前往泰國建造王宮的工人，後來便在泰國居留下來。到了一八五七年，據法國學者估計，暹羅已有華僑一百五十萬人。

㈤中國抗日戰爭勝利（一九四五）後，適值廣東潮汕地區發生大饑荒。當時我國國際地位提高，國人前往泰國幾乎不受限制。於是有大批潮汕人民乘船前往泰國，抵埠以後，各自投奔親友，設法謀求工作。數年間赴泰移民僑胞，約有二十六萬人之多，平均每年有五、六萬人前往。這些在抗戰後期移往泰國之僑胞，至今仍多留居泰國。據他們說：「當年赴泰無需簽證，都是一船一船整批前往，由潮汕乘船至暹羅登岸，大部分散佈於曼谷平原。他們分別投靠親友，稍獲安定，再由親友資助，向內地發展，分至中部、東部、東北部地區，從事種植稻米，少數人作技藝工匠。有的前往泰國南部橡膠園或錫礦裡作工，對泰國的經濟開發有很大的貢獻。」因之今日泰國，即使在窮鄉僻壤，也有中國人散居。中國人散佈泰國之

沈克勤夫婦訪問泰南華僑在合艾海濱留影

廣，真是無遠弗屆，無處無之。我曾遍訪泰國七十二省（府），無論是山之巔，水之濱，每當走進住戶人家，都看到他們家中供奉著祖宗牌位。

到了一九四八年，泰國下令規定移民額，華人及其他國民每年移民定額均為兩百人，用意顯然是在遏阻華人大批移民泰國。一九四九年，中國大陸赤化之後，仍有不少華人前來泰國避難，上海有許多工商人士，亦紛紛前來泰國創設紡織廠，從此與起泰國棉紡工業。

二、泰國華僑近況

泰國華僑人數眾多，確實數字，無從查考。保守估計，有中國血統的華裔約五百萬人，如誇稱千萬，亦不為過。他們多數已取得泰國籍，據泰國移民局統計未入籍泰國，而仍保留中國籍者，約有三十萬人。過去華人移民泰國，多無力攜帶妻小前往，他們定居之後，大多和泰女結婚，生育子女，經過兩三代泰化之後，都已成為暹羅人了。

移居泰國的華僑，以潮州人為最多，約佔全僑人數百分之五十六，其次為客家人，約佔百分之十六，再次為海南人，佔百分之十二，再次為廣府人（廣州及肇慶二府），及福建人，各佔百分之七，雲南人佔百分之一。近年來，由臺灣前往泰國移民的人數亦不在少。另外也有自江蘇、浙江及上海一帶商人，前往泰國經商貿易而留居下來，泰南地區還有少數廣西人。

移居泰國的潮州人，散佈面很廣，多數居於曼谷平原，據估計，在泰國京畿周圍地區的華人，約有兩百多萬。雲南人是從陸路進入泰國北部，多數散佈在泰北清邁、清萊地區。也有部分福建華僑，他們先到馬來亞，然後再進入泰國南部，種植橡樹，收割橡膠，有人遠至普吉，開採錫礦。

早期華人赴泰，多為謀求生活，赤手空拳，從事勞務，或種田，或開礦，或開採山林，或經營土產，或作米糧生意，亦有從事當鋪業。目前僑胞經濟多已有了基礎，進而進入工商、金融或中小企業。無論是販夫走卒，以至銀行工廠負責人，華裔約佔百分之九十以上。曼谷市內，所有高樓大廈，多數為華人所有，當地大型民營銀行，多為中國人所經營，可見僑胞在泰國方面之影響力。據我個人的觀察，泰國人可分為兩個階層，那就是貴族（包括政府文武官員）與平民，中間階層的農工商都是華人，在現代民主社會裡，中產階層有舉足輕重的影響。

近二、三十年來，我國經濟發展快速，教育進步，很多技術人員，受泰國工商企業之聘，前往泰國從事技術工作，如工廠技師，農業專家，協助泰國發展農工業。他們長期居留泰國，待稍有積蓄，亦開始自行創業，自任老闆，經營工商，從事生產，其中事業有成者亦頗不乏人。

臺灣經過五十年的辛勤努力，經濟發展，到了二十世紀八十年代，勞工密集工業已經飽和，加以臺幣升值，勞工短缺，手工業及中小企業難以在國內持續發展。鑒於泰國資源豐富，勞工充沛，工資低廉，土地又易取得，臺灣中小企業紛紛前往泰國投資設廠。他們這些廠商具有資金和技術，又有經營經驗，運用泰國勞力與資源，對促進泰國經濟快速發展，大有幫助，因而受到泰國政府的重視，華人在泰國的地位亦隨之提高。

三、中泰一家親

中國是一個農業社會，人民安土重遷，都不願遠離父母鄉邦。因為受到天災人禍，戰亂饑寒，兵荒馬亂，民不聊生，沿海居民，被迫逃生，飄洋過海，前往南洋，來到泰國者，都是赤手空拳，身無分文，祇好單槍匹馬，孤軍奮鬥，流血流汗，拚死拚活，謀求生存。幸運者獲一棲身之所，謀得一工作崗位，勤勞刻苦，混到一碗飯吃，節省積蓄，多年下來，有了一點錢財，找一個泰女結婚成家，生兒育女，三代之後，這些子孫，不會說漢語，都成了泰國人了。也有富商華僑的女兒，嫁給泰國官員，他們的子孫，更是名正言順，成為泰國人了。中泰兩大民族，經過數百年通婚交往，已經融和成為一體，在中國人家庭裡有泰國人，在泰國人家庭裡有中國人，成為中泰一家親，分不出彼此。加以中泰兩族人民都信仰佛教，思想觀念相同，故能和睦相處，親切融洽。

第二次世界大戰期間，日軍進佔泰國，有名的僑領，如中華總商會主席張蘭臣，黃魂中學校長張亦錚，恐遭日本人迫害，紛紛逃離泰國，回到祖國避難。許多年青華僑，激於民族大義，紛紛回國從軍抗日，也有留在泰國參加「自由泰」，從事地下抗日工作，寫下中泰兩族人民攜手並肩對抗日軍侵略的史詩。

抗日戰爭勝利後，中國成為世界五大強國之一，海外華僑無不感到揚眉吐氣。從事地下抗日工作的泰國華僑青年，更是耀武揚威。日軍投降之初，他們從地下出來，組織自衛隊，在華商雲集的耀華力路，維持治安秩序，不許泰國警察過問華人糾紛，引起泰國人反感。後來泰國政府派軍警將他們驅散，曾一度發生衝突。

戰後華文學校在泰國各地，像雨後春筍一般，紛紛成立，當時華文教師又多左傾，鼓勵畢業生回國升學，引起泰國政府的關注。這時正值泰國總理鑾披汶（Phibun Phibunsongkhram, 4-8-1948~9-16-1957）執政期間，大泰民族意識高漲，開始採取排華措施。一九四七年元旦，北攬坡華文學校因縣掛中國國旗問題又引起中泰人民衝突，泰國政府遂下令關閉北攬坡華文學校，中國駐泰大使館雖出面交涉，也無效果。泰國政府從此之後，對華文學校採取各項嚴厲措施，不許華校在正式上課時間教授華文，目的在加速華人子弟泰化。

鑾披汶政府為了保障泰人生計，曾於一九四二年六月十日下令禁止華人從事泰國人民傳統手工藝二十七種行業，例如製傘、造磚，及理髮等行業，當警察取締一位理髮師去為人理髮，這位理髮師申訴說：「我一家十口，只有我一個是華人，其他九口都是泰人，包括我的妻子和八個兒女，我一個華人賺錢，養活泰人九口，你不許我為人理髮，誰來維持這九個泰國人的生活。」這位泰國警察給他說得啞口無言，衹好讓他繼續工作下去。同時這些保留給暹人的行業，暹人多無興趣，也鮮有能力來充擔。

中國移民從無殖民思想，政府亦無移民政策，中國人散居世界各地，得不到政府的保護，全憑吃苦耐勞，與僑居地人民和睦相處，謀求生存發展。孫中山先生提倡民族主義，有助於推翻滿清，建立民國，也有助於促進若干落後國家民族意識的覺醒，及至中共利用華僑赤化世界，自不免引起許多有華僑聚居的自由國家的恐懼，甚至釀成一些排華事端。幸而現今世界已被公認為一個地球村，許多國家為了便利人民交往、通商貿易及文化交流已經取消或簡化了複雜的入境簽證，遂使人際關係更加自由，國際樊籬逐漸消失，民族意識也由「天下一家」的意識所取代，有識之士，乃鼓勵華僑要融入當地主流社會，這樣自可增進彼此了解及友誼，也可避免隔閡孤立或引起誤會歧視。中泰兩大民族，經過數百年相互通婚，現今已經融為一體，共存共榮。

四、泰國僑團

泰國華僑，多數來自廣東潮汕。他們到了泰國後，各自投靠親友。先來的華人，在當地事業有成，協助新來的鄉親在當地謀生，紛紛集會結社，組織僑團，推舉富有而熱心公益的僑領出來領導。這些僑團逐漸發展，現今組織都很健全，對於華僑在泰國的發展有很大的貢獻。泰國僑領多數出錢出力，幫助貧窮鄉親，潮州人稱呼他們為「頭家」，或稱他們為「座山」，可見他們對鄉親貢獻之大。

泰國僑團眾多，不可勝數，重要者可分為以下數類：

㈠綜合性僑團：計有中華總商會、中華會館，前者係旅泰華商的總會所，後者係旅泰愛國華人為發揚中華文化教育的活動中心。

㈡地緣性僑團：有潮州、客屬、廣肇、海南、福建、江浙、臺灣、雲南、八個同鄉會館。

㈢血緣性僑團：中國人自古重視血緣關係，所謂「五百年前是一家」，凡是同姓，都是一家人。當大陸發動文化大革命期間，旅泰華人深感有家歸不得的痛苦，為使子孫不要數典忘祖，紛紛在泰成立宗親會，設立祠堂，每年舉行祭祖大典，各宗親攜兒帶女，前往參加跪拜，情況極為熱烈。旅泰華人有五十六個宗親會，其中人數最多，宗祠最大者：有林氏宗親總會、陳氏宗親總會、鄭氏宗親總會。成立最久的有沈氏宗親總會，已有百年歷史。我曾多次應邀參加有關活動，看到許多泰國官員也來參加，他們已不會說中國話，但他們認為自己是沈氏之後代子孫。所謂血濃於水，真是親情深似海。

㈣同業公會：旅泰華人多數從事工商業，為使同業間相互幫助發展事業，很自然的形成組織。最初旅泰華人多經營土產及米業，因而泰土產同業公會、米業公會，火礱（磨米）公會最先成立。其後木業、五金、織業、火鋸（鋸木）、皮業、出入口公會等亦相繼成立。他們會員多是從事工商業，財富充裕，很有影響力。

㈤慈善團體：泰華慈善組織共有四十五個，其中組織完善，規模最大者，要以報德、玄辰、世覺、道德、崇德五個善堂為首，其次尚有天華醫院、中華贈醫所、華僑互助社、挽卿養老院、華僑孤兒院等，他們賑災救難，養老育孤，贈醫施藥，成績顯著，為旅泰華人稱道。

在杭立武大使任內，為要加強僑社團結與僑領間溝通意見，倡導八屬首長餐會，每月輪流由一屬首長作東，邀集八屬正副首長及總幹事參加，並邀請大使館派員出席指導，共商僑社間公益事務。我主管僑務，每次聚餐都須參加。在一起聚會久了，我和僑領們漸漸熟識了，感情也就建立了，對僑務推行有莫大幫助。後來各姓宗親會首長也舉行每月聚餐會，人數較多，情況更加熱烈，對於僑團首長間情誼的聯繫發生良好的效果。

泰國僑團首長，是由「頭家」出任，他們大多數均屬富有商家，平時出力、出錢幫助鄉親。可是他們要經營自己的商業，沒有時間兼管僑團工作，乃由僑團聘用有辦事才能的人擔任僑團總幹事，處理僑團的日常業務，因而僑團總幹事成為辦理僑社工作的要角，他們每月也舉行餐會，邀我參加。我說：「我是駐泰大使館的總幹事。」輪到我作東，邀請全體總幹事參加。大家情感打成一片，做起事來就方便多了。

五、曼谷華文報

一九六六年我初到泰國時，曼谷有四家華文報，就是中華、京華、星暹、世界四大日報。當時正值他儂與巴博兩位元帥執政時期，實施反共條例。嚴禁親共言論，四家華文報立場一致支持中華民國。在前駐泰大使杭立武博士安排下，四家華文報約定每天出報張數、售價及廣告價格相同，不作惡性競爭，因此每家華文報都賺錢，老闆們開心，夥計們相處和諧。社長與總編輯們每月聚餐聯歡，我也常被邀參加。當時中華日報社長陳純、京華日報社長林志昂、星暹日報總編吳占美、世界日報社長饒迪華定期在一起聚餐，時日久了，都成了好朋友。他們攜手合作，謀求華文報的發展，共存共榮，是泰國華文報一段難有的榮景。

星暹日報是胡文虎與胡文豹兄弟創辦的，當初是為了在東南亞向華僑推銷「虎標萬金油」作宣傳廣告用的，後來壯大成為星系報業集團，星暹日報由胡文

沈代表迎接星暹日報社長李益森伉儷（右一、二）

豹的女兒繼承。緬甸實施社會主義後，胡家出走到泰國。一天，福建會館理事長黃永林陪同胡文豹快婿李益森先生來領事組，申請中華民國護照，以便其出國旅遊。我接談之後，見其風采俊逸，言談高雅，當即予以辦理，他欣然離去，從此我們成了好友。

李益森先生是星暹日報董事長兼社長，因他不諳中國語文，星暹日報業務及總務完全交由總經理胡夢洲主持。他本人擅長英語，交遊甚廣，在曼谷外交圈中甚為活躍，後來他曾出任南美烏拉圭國駐泰名譽領事。他每天到曼谷皇家運動俱樂部打高爾夫球，結識了許多泰國上流社會人士。我申請入會時，得到他的介紹，順利過關。我們常在一起打球，他也常邀請我家人到他家中宴會，我看他和家人談話都用緬甸話。他曾送他的長子李坤揚到澳洲留學，回泰後，要他接辦星暹日報。我認為坤揚不懂中國語文，如何能辦華文報，建議先送他去臺北輔仁大學唸中文。李益森兄不放心，適值我奉令返國述職，遂陪同他們父子同機飛到臺北，次日請新任命來泰的新聞組長熊琛兄，陪同坤揚去入學。益森兄看到輔仁大學設施完備，這才決定把坤揚留下唸中文。年輕人學習語文能力很強，坤揚在臺學習中文時間雖不長，兩三年後，他會說流利的國語，星暹日報亦辦得大有起色。

六、與新聞記者做朋友

我曾做過採訪新聞的記者，也在報社內做過編譯，因此我對新聞工作者的辛苦能夠親切體認。在駐泰大使館時期，新聞處長屠益箴與專員蔡士中兩人都善飲，與泰華新聞界朋友杯酒聯歡，交誼融和。我雖不喝酒，他們每有宴會，也常邀我參加，在酒酣耳熱之際，友情也跟著昇華。

每年九月一日記者節，泰華新聞界舉行慶祝大會，所有華文報工作人員，不分社長工友，內勤外勤，大家都來參加，共慶自己的節日。在我任代表期間，先後三位新聞組長葉天行、熊琛、陳世祺，對聯絡新聞界的工作更加努力，每年記者節慶祝宴會，都辦得有聲有色。泰華新聞界朋友，整年日夜工作，能有一天大家在一起同樂，無不歡欣鼓舞。

我一向尊重新聞自由，從不干預，我也從未要求過新聞界朋友為我個人宣揚，新聞界朋友遇有任何困難，我都盡力相助。中泰斷交初期，有些泰華報人，見風轉舵，詆譭我政府，侮蔑國民黨，我認為他們都是出於人云亦云，並不瞭解真實情況。一九七〇年代，中華民國政府上下正在勵精圖治，除已實施耕者有其田，使農民得以安居樂業，並加速發展工商業，經濟隨之起飛，使臺灣步入現代化，如能邀請泰華新聞記者赴臺進行實地採訪，觀感一定會煥然一新。我本此信念，曾邀請中泰聞人，前往臺灣訪問，都有良好效果。

一九八〇年三月四日，我邀請泰華名報人詹海清、林宏、翁漢廷三位訪臺一周。中華日報記者翁漢廷先生回來對我說：「我攜帶著錄音機到臺灣，計劃訪問一百人，原想總有人會對中華民國政府施政表示不滿。待我訪問五十人之後，連我坐的計程車司機都對政府表示滿意，我便停止錄音採訪。回泰之後，我雖未寫文章讚揚，但看到有新聞界朋友仍寫文章抨擊中華民國，我都勸他們前去看看實際情況再寫。」從此之後，華文報上確實少了漫罵我政府的文字。

泰華女記者何韻小姐在華文報發表的專欄，我每天看到必讀，她的文章不但寫得好，她的觀察深刻動人，當時她的文名大噪。我邀她赴臺採訪前一日中午，一九八五年三月十九日，請她在律實他尼大酒店頂樓午餐，為她餞行，並請新聞組長陳世祺兄作陪，向她說明在臺訪問的日程。席間，我和她開玩笑說：「在臺如有接待不週，妳回來可不能寫文章罵我們。」她笑說：「不會的。」想不到她回泰之後，連續在報上寫了十幾篇專題報導，連所乘坐的華航客機，她都予以美好稱讚，真是值回票價。

七、我為僑校做點事

一九六六年，我奉命擔任駐泰大使館領事職務，華文教育屬於文化參事主管業務。我因兼理僑務，須與文化參事處配合，協助發展華文教育，因而與華僑學校教師常有接觸聯繫，多年交往下來，許多僑校校長成了我的好朋友。

當時僑務委員長毛松年先生倡言：「無僑教即無僑務」。他這句話，在泰國尤其顯而易見。泰國商人多數具有中國血統，他的兒子進入華校，學習中泰兩種語文，到了第三代就讀暹羅學校便不會說中國話了。而且華僑申請入泰國籍，必須改為泰國姓氏。依照規定，每家姓氏須向政府註冊，不得重複，因而泰國姓氏愈來愈長，如將華裔的泰姓譯成英文，有長達一二十個字母，令人難以記憶，甚至他本人都記不清楚。

駐泰新聞參事鍾榮蒼兄對於推展華文教育非常熱心，他鼓勵幾位從臺北師範大學畢業回來的泰國僑生，在駐泰大使館斜對面的一棟樓房內，開辦一所華文補習班。在招生開課之前，事為泰國民校局查悉，勒令停辦。鍾參事出面向泰方交涉，理由是美國駐泰大使館可以辦一所國際學校，教授英文，為何中國大使館不能開辦一所中文學校，泰國政府答覆說：「如果中國大使館要辦一所中文學校，泰國政府就令所有泰國華僑學校關閉。」當時駐泰彭孟緝大使得悉後，馬上令鍾參事停辦華文補習班。

華僑學校在泰國政府嚴厲限制下，衹能利用清晨上課前及下午課後，偷偷地教授學童一二小時華文。年幼的學童，體力多數不勝負荷。富有的華僑遂把子弟送回中國唸書，在中共清算海外關係時，華僑無法回國升學。有的華僑將子女送往臺灣或香港去唸書，也有把子女送往新加坡或馬來亞。貧苦華僑無力繳付學費，衹好送子女到泰國學校唸泰文。華僑學校就學人數年年減少，所收學費不足維持開辦費用，此時頭家（富商）也不願多所捐獻，許多僑校遂陷入困境，無法繼續維持下去，他們告貸無門，衹有向駐泰大使館申訴。

在杭立武大使駐泰期間，為紓解僑校經濟上的困難，曾以駐泰大使館名義出面擔保，由曼谷各華僑學校提供學校執照作抵押，向曼谷中國國際商業銀行分行貸款泰幣一百五十萬銖，約定俟後分期償還。後來有的僑校還清，有的償還一部分，有的分文未還。每年中國國際商業銀行向僑校討債，均討不回欠款。泰國政府每年前來查帳，中國國際商業銀行又無法交待，便向擔保人駐泰大使館催討，而駐泰大使館又無此項經費代僑校還債，遂成一筆呆帳，年復一年的拖延下去。

我到任後，大使館向僑校討債，要不到錢，又不能逼迫僑校關閉，這時不得不設法解決這一問題，乃由大使館備文說明華校辦學的實際困難，請中央撥款代為墊還。債雖還清了，但我從不敢說出去，怕引起僑校間的爭議。從那時起，我對曼谷光華學校校長許善楨先生善於辦學的才能，興起由衷的敬佩，因為只有他辦的光華學校把借款全部還清了。

一天下午，許善楨校長來我辦公室申辦赴臺簽證。他說：「要去臺灣考察職業教育。」我遂建議他去看在臺灣興辦職業教育最成功的王廣亞校長，因為我覺得王氏所創辦的育達商職很適合當時僑社的需要，足資參考借鏡。為此，我並備具專函介紹許校長往訪。許校長考察歸來，即在曼谷開辦光華商學院。依照泰國教育法規定，職業學校可以教授華文。因為許校長辦學在泰華僑社早著名聲，年輕學子紛紛申請求學，而且在商學院學得一技之長，畢業後很容易找到工作，甚受僑社稱許。

一九五〇年初，美國副總統尼克森訪問東南亞，看到華僑子弟紛紛前往中國大陸求學，甚感憂慮，建議我政府招收海外僑生來臺升學，並予資助，實施之後，成效顯著。在泰國招收僑生回國升學工作，由領事組主辦。因為泰國僑生祇唸過四年中文，凡前來報考者，都從寬取錄。例如一九六八年四月舉辦回國升學考試，報考升中學者有一百一十七人，就取錄一百零三人，報考升大學者十四人，取錄了七人。其中潮州會館主席蘇君謙的女公子，未有錄取。後來蘇主席前來求情，不得已報請教育部通融，准其回國進入臺灣大學唸書，因其資質優異，在校成績良好，畢業回泰之後，進入森美公司工作，擢升電腦部經理，且當選為泰國臺大校友會主席，承繼他父親的衣缽，續為僑社服務。

曼谷華僑學校有所謂公學與民校之分，凡是會館出資興辦的學校稱為公學，例如客屬會館興辦的進德公學，福建會館興辦的中心公學，廣肇會館興辦的廣肇學校，海南會館興辦的育民公學，潮州會館興辦的培英、普智等校，共有六所。私人興辦的華校稱為民校，當時京吞兩府約有三十所，另有夜間華文補習班八所，公學是由會館出資興辦的，經費比較充足。六所公學校長每月輪流作東，聚餐一次，邀請泰國民校局科長黃建中與我參加，共商僑校所面臨的各項問題。黃建中父親熱愛中華民國，給他的三個兒子取名為建中、建華、建民。建中曾在廣州中山大學肄業，在泰國民校局工作多年，處處為僑校設想，協助僑校解決困難。建華曾任泰國駐香港及臺北商務代表，推動中泰經貿關係。建民任泰國高級警官及民主黨高幹，我與泰國民主黨的關係，都靠他居中連繫。

有一次泰國政府規定，僑校不得使用臺灣出版的教科書，而泰國又無中文課本。經黃科長指點，由大使館提供僑務委員會編印的華文課本，請廣肇學校校長馬秀卿加以重編，送請泰國民校局審查核定，成為泰國僑校的通用課本。馬秀卿校長是泰華僑領馬立群先生的掌上明珠，抗戰期中，隻身前往貴州遵義進浙江大學讀書，抗戰勝利，回泰從事僑教工作，擔任廣肇學校校長多年，享譽泰京。廣肇學校在曼谷是有名的華文學校，我曾送我的兒子春田到廣肇學校唸書，受到她的教誨。

在泰國政府種種限制下，曼谷各私立華僑學校所遭遇的困難更加嚴重。學生年復一年的減少，教師待遇微薄，難以維持生活。我看到有的華文教師，病倒無力就醫，死後無錢安葬。我任代表期間，曾想盡各種辦法，籌集一筆基金，成立泰華教師福利基金會，運用基金所生的利息，救助貧病教師。並於每年八月二十八日孔子誕辰，舉行教師節慶祝大會，邀請僑校全體教師參加，會中頒發獎品給優良教師，會後聚餐，大家情緒熱烈，尤其是泰文老師，受到同樣尊重，倍感光采。

沈克勤夫婦與兒女在巴塔雅合影

拾、澳洲布里士班領事

一、赴澳途中

我於一九七一年三月一日，奉部令調任澳洲布里士班領事，結束泰國業務後，一九七一年四月二十五日偕同家人乘泰航啟程赴澳洲，首站抵新加坡，歐陽瑞雄秘書前來接機，住宿國王旅社。次日上午偕家人觀光虎豹公園，中午，駐新張彼德代表設宴歡迎。張代表與我兩度同事，在外交部國際司時，我任科長，他任幫辦，在泰國大使館我任領事，他任公使，都是我直接長官。張代表經驗豐富，吳國楨任上海市長時，他是交際科長，吳任臺灣省主席時，他是新聞處長，後受吳國楨赴美發表反政府言論影響，沉潛一段時間。沈昌煥部長愛其交際長才，引進到外交部工作。我與他兩度共事時，受益良多，今在新重逢，承蒙邀宴，聚談甚歡。下午與家人乘遊艇觀賞海港風光，夜晚遊大世界，在大排檔晚餐，對新加坡街道整潔，人民守法，留下美好印象。

二十七日下午乘新航赴雅加達，傍晚抵達，外交部同事黃華根前來接機。次日，同班同學鄧廣禧、郭若華夫婦陪同觀光市區。鄧廣禧兄是印尼華僑，郭若華是我鄉長郭元嶠的千金，他倆結婚後，回到印尼經商，陪同我在街市上觀賞油畫，色彩鮮艷，我看到一幅油畫與我幼時住在外婆家的風光相似，很是喜歡，遂選購兩幅，價格二十美元，甚為便宜。中午由華航駐雅加達經理黃維良設宴歡迎，他是我在陸軍總部老同事。當晚乘澳航飛行一夜，清晨經雪梨機場，與駐雪梨總領事王國銓通電話，他是我在國際司的老同事，續飛一小時抵墨爾鉢，段昌智領事前來接機，並陪同觀光市區，午間與段昌智夫婦共進午餐，他是段祺瑞孫子，與我是合肥同鄉，下午四時續飛，七時抵達坎培拉，趙興中參事、新聞參事鍾湖濱及章德惠秘書來迎。次晨八時三十分晉見沈錡大使，九時參加駐澳大使館召集各單位舉行之擴大會報，聽取澳洲政情報告，中午至趙興中家宴，下午繼續開會。聽取駐澳各地領事館的報告。增加我對澳洲許多認識，晚間沈大使在家宴請與會人士及家人，認識駐澳各館同仁，對今後我在澳工作有很大助益。

沈錡大使是我仰慕已久的政校學長。民國三十一年秋，我踏進中央政治學校大門報到時，就在教務處告示牌上，看見我國首批公費赴印度留學考試放榜，沈錡名列榜首，因為是同宗，所以我一直記得。政府遷臺後，沈錡任總統蔣公秘書，一天老總統至鳳山視察新軍訓練，沈錡秘書隨行，臨時有公務須返回高雄行館，當時我任陸軍總部孫立人總司令秘書，孫總司令命我乘坐他的吉普車，送沈錡秘書回高雄，他前坐，我後坐，當時我很想向他表達我的仰慕之忱，遲遲未敢開口。後來我到外交部工作，沈錡任外交部政務次長，是他外放我任駐泰大使館一等秘書，人事處認為，依照規定，初次外放，祇能任二等秘書，沈次長乃給我加一等秘書銜。赴任前，本應辭行請訓，面致謝意，我也未能依禮拜辭，這次在澳洲見面，算是首次面談，但我也未將心中仰慕之忱表達，後來多次晤談，我乃知沈大使是一位做事明快，高瞻遠矚的外交家，我對他的敬仰之心，一直永留在心中，未曾向他表白。

四月一日，由黃潔嫂陪同觀光市區，中午鍾湖濱參事家宴，晚間趙興中參事家宴，次日與王國銓總領事同機飛抵雪梨，管士貽兄來接，他是我幹校教書時的學生。當晚至王國銓兄官邸晚宴，他家住在雪梨對岸河邊，夜色蒼茫，燈光明亮，閃耀河邊。次日由他陪同觀光市區，中午余鳴傳兄宴，下午偕妻兒遊玩動物園。晚間中國銀行雪梨分行經理陳子陵宴。四日上午，王國銓陪同觀光雪梨唐人街。下午搭機飛抵昆士蘭洲首府布里士班，前名譽領事陳作睦在機場迎接，住宿陵龍（Limnon）旅館。陳作睦兄對我說：「這是布市一家最大旅館，二戰初期，麥格阿瑟將軍由菲律賓退至澳洲，總部即設在此旅館。」當晚臺灣六和紡織廠公司少東宗承志總經理設宴歡宴。

二、開設新館

初到布里士班，我把妻兒安頓住在旅舍。開始在市區尋租辦公處所。七日，我看到新建成的澳洲聯邦儲蓄銀行大樓，高大堂皇，地點在市中心，市政府在斜對面，甚為適合，決定選租四樓，作為領事館。到十一日，才在郊外柯坡柔區租到一間歐式洋房為住所。這是一棟二層樓房，樓下有客所、廚房，樓上有兩間臥房，另有一間書房，視野甚好，夜晚可以望到市區燈火。住屋距離小學很近，兒女可以步行上學。有條大街上開設店舖，購買日用品，也很方便。次日至郊外選購辦公桌椅紙張文具用品，至此開館初步完成。

我開始上班辦公，看到聯邦銀行二樓陽臺上懸掛著三面旗幟在空中飄揚：一面英國聯邦國旗，一面澳洲國旗，一面昆士蘭州旗。我想在陽臺上也能懸掛中華民國國旗，遂向銀行方面交涉。他們不同意我國國旗與澳洲國旗並列懸掛在一起。我說：我國國旗可與澳洲國旗分開，掛在陽臺上另一邊，他們這才勉強同意，但新建鉛質旗桿費用約二百多澳幣，需由我方負擔。當時領館每月公費僅有六百澳元，建立旗桿費就占了月費一半，我認為國旗代表國家，應不惜代價，同意由我方支付。旗桿建成後，我與兩位同事于傳富和張震澤共同於八月九日清晨舉行升旗典禮，昂首行禮，望著青天白日國旗冉冉上升，飄揚在藍天白雲上空，光耀照進我的內心。

當時旅居昆士蘭州華僑，大多數都是二戰期間美軍徵用來的船民，留居在此。受到當地僑領陳作睦先生熱心照顧，戰後中澳建交，政府任命陳作睦為昆州名譽領事，繼續照顧當地僑胞工作多年。我到任後，不再需要名譽領事，陳先生心中自有不悅，但他對我開館工作仍多方協助，我心存感激，乃呈報外交部，聘請他為本館名譽顧問。後來政府舉辦僑選國會議員時，我推薦他回國擔任監察委員。他是一位正直的人，在任期間，貢獻良多。

八月二十六日上午十時，駐澳大使館沈錡夫婦乘澳航飛抵布里士班訪問，我偕本館兩位同仁前往迎接。這是領事館開館後，沈大使首次前來視察。午餐後，陪同其視察領事館辦公處所及我的住家，沈大使看後甚表滿意。晚間我舉行歡迎酒會，邀請布市政商名流及僑領參加。沈大使言談風采，都受到與會人士好評。次日，我駕車陪同沈大使夫婦前往遊覽黃金海岸。下午趕回參加各界舉辦的歡迎餐會，沈大使即席發表演講，講述中澳多年來之友好關係，受到與會人士讚賞。

三、開展與澳官方關係

一九七一年五月十三日，開館工作初步完成，乃逐步展開對外關係。首先我去拜訪澳洲政府外交部駐昆士蘭州代表斯立普禮（Slipley），說明我國在昆州開設領事館，旨在增設中澳人民間友好關係，並請其在今後工作方面多予協助。澳洲官員及人民都很友善，任何交涉事項，祇要在合法範圍內，無不順利辦成，不需多費周旋。

繼於五月十七日上午，前往州政府，拜會昆士蘭州州長曼斯斐德（Alan Mansfield），說明我政府為增進與昆州人民友誼及商貿關係，特在昆州開設領事館，期盼州長今後對領館工作多予協助。這是首次禮貌性拜訪，彼此寒暄後辭出。繼拜會昆州總理皮特生（Premier J. Bjelke Peterson），最高法院大法官韓格爾（Justice M. Hanger）、及布里士班市長鍾斯（Alderman Clem Jones）。澳洲是大英國協國家之一，仍奉英國女王為國家元首，施行民主法治，而且澳洲地廣物豐，人民多來自英國，凡是合法之事，與其交涉辦事，對外國人極為友好。二十日上午，我去拜會昆州移民局長瓦特曼（C. W. Watermen）及副局長彼德揚（Peter Young），他們對我旅居昆州華僑勤勞守法，與澳人相處友好，多所稱讚。

六月十四日，我應邀參加昆州州長舉行的慶祝英國女皇華誕酒會，貴賓雲集，充滿歡樂氣氛。澳洲原是英國屬地，名義上尊奉英國女皇為國王，由英國女皇指派總督駐澳洲，代為行使管轄權。二戰之後，澳洲祇是大英國協一成員國，實際管轄權由澳洲政府自主。由於澳洲大多數人民，均來自英國，他們仍以做英國人為榮，大凡政治制度以及人民生活習慣，仍是英國傳統。澳洲地廣人稀，人口祇有兩千多萬，惟澳洲政府實施白澳政策，排斥有色人種前往移民，但對英國人前往移民，澳洲政府可提供遷移費用，並為其安置居住房舍及工作，美其名曰：保護傳統西方文化。實則在今日世人交往頻繁人民相互倚存的趨勢下，很難維持下去。後來澳洲政府逐漸感受到他們位居東半球，不能與亞洲人民隔絕，遂對亞洲移民逐漸放寬，現今華人移居澳洲逐漸增多。

四、參加社交活動

一九七一年五月十四日，邀約自由中國之友協會主席賴特（Wright）等友我人士商討如何對外宣傳及開展公關事宜，大家一致認為首先需要各種文宣資料。我乃致函駐澳洲大使館新聞參事陳世琪兄，要求各種文宣資料及電影片，配備購置電影放映機一部。賴特主席是一位自由鬥士，熱愛自由中國，我們兩人常赴昆州各城市舉辦演講會，由我講述自由中國在臺

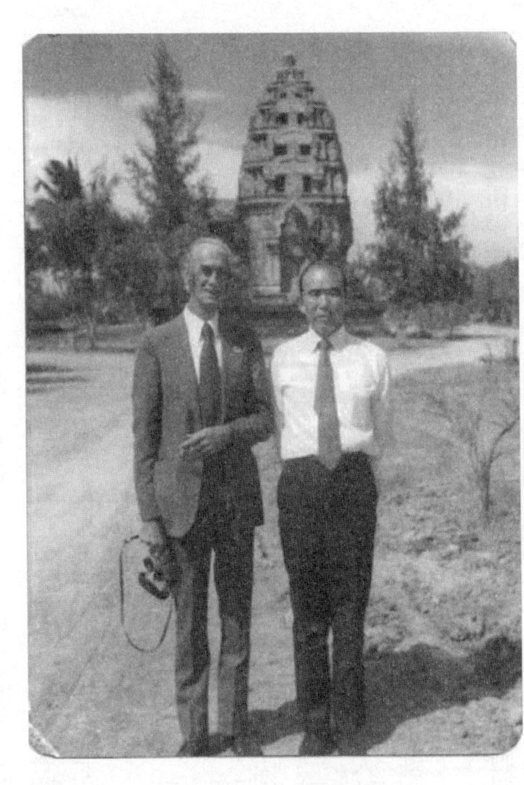
沈克勤領事與澳洲自由中國協會主席賴特合影

灣的政經發展，他在一旁放映電影，受到聽眾的歡迎，有時聽眾提出責難或疑問，由賴特出面解說，收效良好。他曾編印三種友我宣傳小冊，獲得新聞局嘉許，在臺重印分發駐外各館運用。

布里士班是昆士蘭州首府，社交活動頻繁。例如七月四日，我應邀參加美國國慶酒會，認識了美國駐布市領事佛里曼（Freeman），和他的四川籍夫人劉詩敏。劉夫人是中國山水畫家，從此我們兩家時常往來，公私場合，見面機會很多，成了很好朋友。

七月二十日，我應邀參加亞洲協會，講述自由中國捍衛自由的奮鬥歷程。這是我首次在正式場合演講，乃照本宣讀，講了幾次之後，我可脫稿發揮，真是事事需要歷練。後來我應布市扶輪社及獅子會邀請，講述臺灣經濟發展，就感到輕鬆自在，不再感到緊張了。

七月二十八日，參加昆士蘭州新任州政府官員就職酒會。七月三十日晚間，參加布里士班市長慈善募款舞會，同日下午參加昆州大學中國同學會，同學多來自香港，唯一有位來自臺灣的邱垂亮教授，他原在美國讀書，取得博士學位後，應聘來到昆州大學教書，我請他在校多照顧中國學生。

一九七一年十月十日是星期假日，澳洲政府官員大都出外度假，我決定在十月八日（星期五）舉辦慶祝國慶酒會，邀請昆州政要，國會議員及各國領事一百五十四人參加，復於十月十日舉行國慶餐會，邀請昆州友我人士及僑領一百九十七人參加，這是我在昆州第一次舉行慶祝國慶活動，盛況熱烈。

五、昆州華僑

一九七一年時，旅居昆士蘭州華僑約有一千多人，以廣東籍居多，在當地經營餐館及零售商業。臺灣六和紗廠少東宗承志在布里士班投資開設一家「黃金海岸紗廠」，較具規模。據宗承志廠長說：在澳洲經營工業很辛苦，因為澳洲工人動不動就罷工，而且不願長時間幹同一樣工作。工作技術熟練了，就覺得乏味，便辭職不幹，另謀新工作，甚為容易，所以熟練工人難得。

巴布亞新幾內亞是我的轄區，一天拉堡（Rabaul）僑領司徒耀前來拜會，我想瞭解當地情況，曾與其長談，並約他共進晚餐。得知巴布亞新幾內亞全部人口約三十多萬，旅居華僑約有三千多人，拉堡華僑約有三百多人，蘯埠（Lea）約有三百多人。當地華僑多來自廣東，他們身處偏遠山區，遠離祖國，思鄉殷切，需要中英文宣傳資料，尤其需要廣東話電影。並盼我向當地政府官員建議，學校採用中文為第二外國語文，讓華僑子弟可以學習中文。他還邀請我前往巴紐訪問。我說：等我把館務安排好，就去探訪。

六、加強經貿關係

澳洲盛產牛羊，一九七一年十一月八日，臺糖公司派屏東總廠農業技術總監朱杞華、農業組長吳萬仁、小港糖廠課長林春元三人前來昆州採購種牛品種。我陪同他們去養牛公司選購種牛，並參觀機器宰牛場。看著牛群排隊，一隻一隻牛被迫含淚走上斷頭臺，心中感到不忍。中午，場主人請我們吃最好的牛排大餐，實在吃不下去。

澳洲是世界上小麥第五出產國，我國麵粉業代表團前來採購，於一九七二年一月十三日，飛抵布里士班訪問，我陪同他們參觀米麥公司。團員中有一位泰國華僑林國長，他在臺北設有一家麵粉廠。我在泰國工作時與他相識，他在曼谷耀華力路（唐人街）上擁有幾家大金舖，是泰國有名富商，因獲罪逃到臺北，在臺投資發展工商業，買地建築一家中泰賓館與一家麵粉廠，生意旺盛，又成為臺灣富商。他年輕時，從潮州隨鄉人渡海到泰國謀生，身上僅帶有九枚龍洋。開始學徒做生意，逐漸富有，在曼谷開設數家大金舖，他擁有數位妻妾，各掌管一座金店，人既貼心，又不需付工錢，他離泰後，金店業務交由他的堂弟總管，他的妻子帶同他的兩位孫子到臺灣讀書，常來我辦公室申請簽證，因而很熟，她是一位能幹內助。林國長一生刻苦節儉，聽說他隨身攜帶三種香煙，上等煙用來伺候貴賓，中等煙招待普通客人，而他自己吸最便宜的香煙。他參加宴會，不愛吃大魚大肉，餐後回到家中，吃潮州稀飯。他逝世後，在曼谷和臺北都留下大批財產。他的兒子和堂弟爭奪曼谷財產，結果他的堂弟清晨上班，在鬧市中被機車騎士開槍射殺身亡。他的兩個孫子為了爭奪臺北財產，終年興訟不已。因他到布里士班訪問，我設宴歡迎他，使我想起他的許多逸事。

我國為增進與澳洲邦誼，特派貿易代表團前來採購農礦產品。採購團一行二十一人於一九七二年四月五日下午飛抵布里士班，我前往機場迎接，並在家中設宴歡迎。次日陪同貿易團分別拜會昆士蘭州總理皮特生、工業發展部長坎貝爾（Frederick Alexander Campbell）、礦業部長凱木（Ronald Canmr）及昆士蘭州商會，洽談貿易問題，當晚舉行酒會交誼，七日上午，繼續與昆州工商界領袖舉行貿易交談，下午乘車前往黃金海岸觀光，八日搭機飛往澳洲首都坎培拉，繼續採購行程。

七、增進文化交流

為增進中澳兩國人民友誼與相互瞭解，文化交流是外交的一項重要工作。一九七二年九月六日上午，人類學家陳奇祿教授飛抵布里士班，前來考察澳洲原住民生活，下午來館拜會，商談訪問行程，在昆士蘭州各地考察一週，離布里士班之前，我駕車陪他遊覽黃金海岸名勝，並邀昆士蘭州大學教授邱垂亮同遊。

一九七二年一月三日，接到外交部通知，臺灣海上救生隊訂於一月十七日前來布理士班黃金海岸觀摩海上救生技能，我事先與澳洲有關方面作好安排。十七日上午他們抵達時，我前往接機，下午五時，陪同他們參加昆州總理皮特生在州政府接待室舉行的歡迎酒會，會後我邀他們共進晚餐，次日送他們到黃金海岸救生俱樂部，並妥善安排他們的食宿，我才返回布市。他們在黃金海岸觀摩學習海上救生技能兩天，於一月十九日離去。

我聞悉我國有一批書畫送至斐濟展覽，經事先接洽，順道於一九七二年七月一日送到布里士班，在昆士蘭州藝術協會畫廊（Queensland Art Society Gallery）展出，駐澳大使館公使王孟顯前來協助。開幕之日，邀請布市文化界人士前來觀賞，王公使在會中講述我國書畫藝術，澳洲人士深愛東方藝術，前來觀賞人士甚眾。王公使是我在部內老同事，揭幕之後，我曾陪他到黃金海岸觀光。

當時奧林匹克世界運動大會中成績最好的游泳選手多出自澳洲，我國特選送兩名游泳好手許東雄兄妹由教練武育英陪同，於一九七二年五月二十九日前來布市觀摩練習，我請于傳富領事前往接機，送他們到澳洲游泳選手訓練場所，並安頓好他們一切生活。七月七日，我去游泳場看他們受訓情形。他們說：他們是和澳洲選手一起受訓，每天清晨到游泳池下水，先自行游泳三千米，不准中途停休，然後再接受教練指導，練習各項游泳技能，開始時有點吃不消，慢慢習慣了。我問他們生活上有甚麼困難？他們說每天吃西餐有點不習慣。我約他們兄妹週末到家住兩天，調劑一下緊張受訓生活。次日是星期六，我去接他們住在我家，準備中餐給他們吃，他們很高興。直到星期天中午，我請他們到中餐館飽餐一頓，才送他們回去。他們在澳洲受訓一個月結束，游泳技術有很大進步。

名詩人余光中教授於一九七二年七月十七日前來布里士班訪問，我去接機。適值吾妻住院開刀，我請他住在我家。他是一位烹飪高手，每天菜飯，都由他一手包辦。二十一日，我陪他參觀昆州大學，由昆大我國教授邱垂亮導遊，講述昆大教學情況，晚間在家歡宴，聚談甚歡。二十二日，我陪他遊覽黃金海岸，二十三日是星期天，我邀請余光中教授和許東雄兄妹去逛動物園，並攜帶我的小兒女一同去玩，看澳洲袋鼠和無尾熊，大家玩得很開心。二十五日，余教授應邀在澳洲人民爭取自由協會演講，並接受當地記者訪問，大談中西文學的異同，次日報紙予以大篇幅報導，甚受當地人民稱讚，我們相處友好，親如一家人，以後雖未曾相見，我的兒女對他的親切照顧，一直想念。

八、邀請澳洲政要訪臺

邀請駐在國政要或社會名流訪問臺灣，對增進兩國間邦誼及瞭解有很大助益。一九七一年六月二十五日，我邀請澳洲國會議員卡麥隆（Comenon）午餐，晤談中，得知他對自由中國非常友好。他年輕機敏，任澳洲跆拳道協會會長。他邀我參加七月四日在布里士班市立中學舉行第一屆昆士蘭州跆拳道比賽。他親自下場，當眾表演，把一塊磚頭用手掌將其劈開，獲得觀眾熱烈鼓掌。我看他是一位年輕很有前途的國會議員，當場邀其訪問臺灣，他欣然接受。經呈報外交部核准後，他赴臺訪問一週，對我國留下良好印象，成為中華民國一位友人。

昆士蘭州立大學是澳洲最有名的大學，校長柯文教授（Prof Corwen），我曾和他由坎培拉乘同架飛機回布市而相識。一九七一年十月十四日，他邀我前往昆士蘭大學參觀，中午我約柯文校長共餐。席間我介紹自由中國經濟發展情況，他甚感興趣，我順便邀其訪華，他當即表示首肯。我報准外交部發給機票，他於十一月二十六日成行，訪臺一週，對我國留下好感，後來英國女王任命他為澳洲總督，對兩國邦誼大有助益。

九、我國漁船糾紛

一九七一年十一月二十七日是週末，我看電視廣播，得知我國一艘漁船在昆州北方海域撈取干貝，被澳洲海岸巡邏艇拘捕，押送到昆州最北海岸凱恩斯市（Cairns）。我打電話向駐澳大使館趙興中參事請示應如何處理？他善意勸我：「這類事最為麻煩，最好不要管。」我認為我國漁船在我轄區被扣，我有責任處理，不能推卸。次晨，我決定飛往凱恩斯市，下午抵達，當地僑領黃森來接，送我到漁船碼頭，察看實際情況，見到我國漁船「光南號」船長王南及電務員何春，詢問他們被扣經過，並登船看他們捕獲的滿船干貝及巨大的干貝殼，以及他們使用的漁具鐮刀。當他們看到海中有干貝，跳下海去，用鐮刀敲開干貝殼，順手挖出。干貝肉已經裝載滿船，回到臺灣出售，干貝價昂貴，每位船員都可分到一筆財富。這一船干貝，本在澳洲外海撈獲，已經決定返航回國，船駛到澳洲近海，看到淺海干貝甚大，船長貪心，捨不得不捕撈，結果被澳洲海岸巡邏艇發現扣押，送到此地。我安撫他們說：事已至此，我當盡力去交涉，為他們爭取合法權益。

我去到市政府，拜會澳洲漁業主官麥克納爾（D. Macknall），詢問他對此案如何處理？他說：已送交法院審理，無商談餘地。我遂辭出，邀請當地重要僑領晚餐，餐後他們陪我去看當地大律師麥立克（Millick），聘請他明日代表船長出庭辯護。二十九日上午十一時，法院開庭審理，查明漁船是在澳洲領海內竊取干貝，船贓俱獲，罪證明確。下午一時二十分宣判：漁船、漁具及撈獲物干貝全部沒收，漁民開釋。漁民們聞訊，極表不滿。船員怪罪船長貪心，不應該在澳洲海域內再撈取干貝，吵鬧得幾乎打起來，引起當地人民圍觀，不知發生甚麼事情。我忙趕至碼頭安撫，勸他們不要在國外鬧笑話，自己人先打起來，容我再去和澳洲漁業官員商談。我一方電駐澳大使館趙興中參事向澳洲漁業局交涉，然後我去見當地漁業主官麥克納爾交涉，說明澳洲人不吃干貝，沒收之後，倒入海中，反而造成污染，不如由我方出價收買。麥克納爾認為這不失為兩全之策，但須向澳洲漁業局請示，核准後始可出售。我請他儘量請示。我向全體漁民說明此項處理辦法，他們均表同意。最後澳洲漁業局認為，對於此類非法行為，必須予以嚴懲，以儆效尤，不准我方漁民再收回漁獲物。我此行遂未達成漁民們的願望，他們知道我已竭盡心力在協助他們。

同年十二月十一日，我在看電視中，又聽到我國漁船「生吉財」號在澳洲海域被拘捕，澳洲海軍將該船押送到一個名叫「星期四」小島（The Thursday Island），經當地官員搜查所有文件，查出密電碼中證實曾在澳洲海域中捕魚。「星期四島」是澳洲與巴布亞紐幾內亞之間一個小島，無客機可以直達。經遍詢布市華僑，得知島上有一位華僑阿駱（Ahloy），在島上經營餐館。我乃與他通電話，請他協助這些被扣押的我國漁民，倘若進入法庭審理，可請律師出庭協助，漁民們有理應在庭上直說。後來阿駱告訴我：「法院判決，漁船及漁獲物沒收，漁民釋放。當地小島上住民甚少，他和當地官員都很熟習，他已將這些漁民保外工作，還可掙點工錢維生。我乃寄二百澳元給阿駱，請協助他們早日返國，並電話洽請昆州移民局楊副局長（Young）儘速遣返。最後由阿駱出錢出力，協助他們回到臺灣。這件事使我深受感動，在這樣一個無人知道的小島上，竟然都有華僑在那裡謀生，他能赤手空拳隻身在小島上謀生，而且能和當地官民相處友好，受到當地官民的尊敬，對待落難的臺灣漁民，親如兄弟般的予以熱心照顧。

十、訪問巴布亞紐幾內亞

二次大戰之後，聯合國將巴布亞紐幾內亞領土（Territory Papua New Guinea）交由澳洲代管，是我領館轄區。我在昆士蘭州經一年佈署，完成開館工作。乃於一九七二年六月二十二日上午十時搭乘澳航，飛往巴紐（Papua New Guinea）轄區視察。經兩個半小時飛行，抵達首府摩斯比港（Port Moresby），澳洲駐巴紐行政公署派禮賓官寇克都（R. Kekedo）偕僑領司徒約翰及譚錫恩前來迎接，把我安頓在海濱旅館住宿，事先並安排好訪問行程。我們一同共進午餐，餐後於下午二時三十分，寇克都陪我拜會澳洲駐巴紐行政最高長官強生（L. W. Johnson）。強生說，他曾應邀訪臺三天，留有美好印象，有意派員前往臺灣學習蔬菜種植，巴紐亦可採購臺灣水泥及電器，盼雙方能開辦定期航運，便利人民來往及貨物運輸，增進相互瞭解與友誼，言談間對我國很友好。

接著於下午三時，拜會貿易工業處長湯遜（N. J. Thomson），他說：此間華僑多經營商業，臺巴間可開展貿易，大有前途。我說：我國亦可協助巴紐發展初級工業。渠認為巴紐氣候炎熱，適宜種植水稻。我即向他解說我國派遣農耕隊前往非洲各國協助當地人民發展農業，收到良好成效，他甚感興趣。

下午三時三十分，拜會巴布亞中部地區行政專員傑克生（K. Jackson），渠為我簡述巴布亞中部地區狀況。他說：中部地區多為高山，有的山區沒有公路，他前往視察，要乘小飛機，有機場可以降落。山區一般情況尚屬平靖，惟有的山區，土著人民反抗繳稅，自成一國，不接受澳洲政府管轄，外國旅客不能單獨前往這些山區觀光。我說：我國建國分軍政、訓政、憲政三個階段，循序漸進，首先要教導人民實施地方自治。他說：他對中國歷史甚感興趣，有志終生從事學術研究，無意從事地方行政工作。兩人話談得很投機，他駕車邀我到他位於山巔官邸飲茶，鳥瞰全境風光。摩港是一山城，瀕臨珊瑚海，樹林茂密，風景優美。

他繼陪我到市區青年會參觀土人手工藝品展售店，他對我說：此間土人仍是以物易物，不懂經商，他們以生產的咖啡可可，用來交換啤酒食物，但又不知貨物價值多少，常受奸商欺騙。澳洲政府為輔導他們做小生意，搜集他們的手工藝品開店展售，由土人做店員。我走進去巡視一週，沒有東西可買，祇好從中選了一件木彫小人像，土人要價澳幣二百五十元（約合二百五十美元），不禁吃了一驚。為了答謝主人盛情招待，和表達對土人經營商店的支助，祇好硬著頭皮買下留作紀念。參觀後，他送我回旅舍休息。途中，他告訴我有一艘臺灣漁船在附近海洋捕魚失蹤，船上有漁民二十二人，我請求他派機搜尋，迄無下落。

晚間，華僑協會邀宴，出席僑領十多位，其中有一位七十三歲老僑司徒純，廣東開平人，他是巴紐國民黨支部常委，平日熱心黨務，引進鄉親入黨，因此國民黨員散佈巴紐各地。巴紐華僑大多數是來自廣東開平的司徒和陳姓家族。他幫助鄉親解決各種困難，他們告訴我，巴紐全部人口約有三十多萬，華僑約有三千多人。他們需要中英文宣傳資料及廣東話電影，並要我向當地政府教育官員建議，學校採用華文作為第二外國文，可見他們愛國情殷。

次日午間，拜會巴紐地方議會議長鄺伯瑞（Perry Kwan），他是土著酋長，沒有主持議會經驗。我到達議場，會議正在進行，鬧哄哄的爭吵不休，他們講英語夾雜著土話，聽不懂在講甚麼，看情勢是對議長不滿。他利用休會空閒接見我。他說：他已自動向議會請辭，不願再幹下去，談話草草結束。議員中有一位華裔陳久立（Julius Chen），三十二歲，年輕能幹，他是混血兒，母親是土著，父親是華僑，住在拉堡（Rabaul）經商。他是巴紐人民進步黨主席兼財政，在這些土著議員中，他是佼佼者，我和他晤談，對我國甚為友善。後來巴紐獨立，他出任財政部長，繼任總理，曾應邀訪臺。

六月二十五日，我乘小飛機到北岸薶埠（Lea），是一個瀕臨所羅門海的小商埠，僑領鄧錦康來迎，把我安頓在旅舍後，陪我到市內及郊區觀光。他說：山間土著，有各種奇風異俗，土人男女多裸體，少有遮掩。巴紐發展觀光的標語說：「想要瞭解原始人類生活，請來巴紐觀光。」美國富翁洛克斐勒的兒子，在紐約大學讀人類學，暑假前來巴紐考察土人生活，深入山區失蹤。洛克斐勒曾多次派員在山區四處尋找，屍骨無存，傳說被土人吃掉，駭人聽聞。晚間與僑胞共餐，餐後觀賞電影。他們說：當地土人常時暴動，搶劫店家財物，住在這裡生命財產沒有保障，富有華僑多送子女到澳洲讀書，在布里士班置產，準備隨時遷往。

六月二十七日，我飛往新不列顛島港埠拉堡（Rabual），僑領陳英強來接，駕車陪我觀光市區。街市店舖不多，港口風光旖麗。領我到海邊一個獨立廣大平房，門前樹立一個大招牌，上書「中國國民黨黨部」，偌大的辦公室，裡面衹見到一人，他是陳久立議員的同父異母兄弟。他說：這裡華僑有百餘人，多是黨員，澳洲政府視黨部為華僑公益社團，一切活動自由，司徒純常委的孫子司徒劍雄就在這裡地方政府任職。

次日，陳英強駕車陪我到郊外觀光。途中到了一個山坡地，他停下車，領我走上一個荒塚，告訴我說：抗戰期間，日軍佔領巴紐，作為進攻澳洲根據地。中國八百壯士淪為戰俘後，被送到這裡替日軍作防禦工事，因為缺乏糧食醫藥，許多壯士在此病死，遺屍野外，有一位國軍班長，死後被華僑將其屍骨掩埋在這裡，荒塚淒涼，野草叢生。我乍聞之下，甚感驚訝，因為八一三上海戰事爆發時，我正在安徽蕪湖讀初中，當時堅守上海四行倉庫的「八百壯士」，是我們學生心目中的抗日英雄，我們曾到街頭遊行歌頌宣傳，呼籲國人慷慨捐輸支援他們打日本鬼，不知他們後來竟淪為戰俘，送到這裡作奴工，葬身異域，我心中感到非常悲憤，無顏面對英雄孤墳，靜默地獻上我無盡的哀悼。

陳先生駕車繼續前行約半個小時，到了一個廣闊平原，看到一片建築物。他說：日本投降後，澳洲政府特闢建這塊地方，供盟軍各國在這裡建立盟軍抗日陣亡將士紀念館及公墓，英、美、加拿大、澳洲及印度都在這裡興建紀念館及墓地，獨中國沒有前來建館及公墓，抗日國軍官兵在此死後，暴骨異域，令人寒心。戰後連日本軍人家屬每年都偕同和尚前來舉辦法會，超度亡魂，我國忠勇的八百壯士，死在這裡，無人聞問！

我回到布里士班辦公室，寫了一篇報告給國防部，說明一九三七年八月十三日，日軍進攻上海，國軍血戰數月撤退，留下八百壯士堅守四行倉庫，最後彈盡糧絕，退至英租界被軟禁，後來太平洋戰爭爆發，日軍進佔英國租界，孤軍淪為戰俘，被日本送到巴紐拉堡，為日軍作奴工，修築防禦工事，遭受迫害，死亡者數百人，有的被愛國華僑揀屍埋在荒山野塚，情景悽涼。戰後澳洲政府特在拉堡郊外，劃撥一塊廣闊土地，供盟軍各國興建紀念館及公墓，英、美、加、澳、印度紀念館及公墓均已建成，館前樹有其國旗在空中飄揚，獨缺中國

國防部人員到巴紐開挖「拉堡中國戰俘營」紀念碑，迎靈回臺

尚未興建，空地仍保留在那裡，擬請政府撥款興建，以慰忠魂。後來接到國防部覆函，表示關切，將派員前往查勘，再作定奪。未久中澳斷交，我下旗歸國，此事告寢，但一直留存在我心中。

直至一九九九年三月間，政府派員前往拉堡尋找，挖掘出一塊紀念碑，碑文顯示這是為戰俘營中死難的中國六百三十六位弟兄建的紀念碑，其中有二百五十六人葬於後方墓區，當將掘出巴紐陣亡將士靈骨，帶回國內，讓這些為國犧牲的忠魂回歸故里。

十一、參加駐澳大使館擴大會報

我駐澳大使館訂於一九七二年四月十日舉行擴大會報，通令駐澳各州領事前往參加。我於九日飛抵澳洲首都坎培拉，次日參加大使館會報。我在會中報告在昆州開設領館情形如下：

本館自一九七一五月五日奉命設立，迄今將及一載，在這一年中，開始覓租館舍官舍，購買辦公所需車輛桌椅公文紙張用品，以及工作程序之建立，對外業務之展開，均已逐漸完成。

至於昆州政情：昆州州政府係由鄉村黨與自由黨聯會組成。鄉村黨黨魁皮特生（Bjelke Peterson）任昆州總理，自由黨黨魁喬克（Gordon Chalk）任副總理兼財政廳長。皮特生施政頗得人心，受到人民擁戴，昆州定五月二十七日舉行選舉，預測昆州現政府可以獲得連任。布里士班市操在工黨手中，今年昆州工黨黨魁侯士頓（Huston）與布里士班市長瓊斯（Joses）聯合參選州長，其勢力亦不可忽視。

昆州僑務：昆州華僑約有一千多人，散居昆州各城市，多數經營中餐館，生活無虞，富有者不多，大家各自謀生，經本館多方與彼等聯絡，對我政府均甚友好。

昆州民風淳厚，熱心助人。本館與各地方政府合作良好，對民間社團盡力聯繫，尤以對我友好社團，更能密切配合，從事各項友我活動與宣傳，尚有績效。其中以昆州自由中國之友協會會長賴特（Horsld Wright）熱誠奉獻，編印三種友我宣傳小冊，獲得行政院新聞局嘉許，予以加印分發。

關於本館轄區巴布亞紐幾內亞地區，曾於二月十九日舉行第三屆議員分區選舉，共選出議員一百名，至四月十一日始行結束，開票結果尚未完全揭曉。預測聯合黨（United Party）可獲五十席，潘古黨（Pangu Party）可獲三十多席，人民進步黨可獲十多席。第三屆議會定四月二十日開議，任期四年，在此四年中，巴紐可能成立自治政府或宣佈獨立，將由巴紐議會決定。聯合黨主張成立自治政府，潘古黨主張立即宣佈獨立，目前最大可能是由聯合黨與人民進步黨組成聯合自治政府。巴紐地區華僑約有三千多人，多數經營零售商，因當地土人主張獨立，常時發生騷亂，地方不安定，華僑心生恐懼。

過去一年，在昆士蘭州東北海域曾發生兩起我國漁船被澳洲海岸巡邏艇扣押案件，我曾親往處理解決。查澳洲政府於一九六七年頒佈「保護領海生物資源條例」，規定違犯者均予拘捕法辦。我國漁船前往紐海布瑞幾（New Hebriges）群島捕撈干貝，約有一百餘多艘漁船，歸航經澳洲東北海域，見有干貝可撈，而被澳洲海軍巡邏艇查緝，拘捕至昆州海岸。澳洲政府據報後，即派聯邦漁業官員及檢查官連同翻譯人員前往偵詢案情，如果查明證據屬實，即提出控訴。法庭依據上述法令，最重處分可科罰金一千澳幣，或徒刑六個月，漁船漁具及撈獲物全部沒收。我使領館人員所能協助者，僅在檢查官查詢及法庭審訊期間，代為聘請律師出面為其辯護，維護漁民合法權益。結案後，祇有協助漁民了結案情，遣返回國。

十二、我在澳洲生活感受

二百多年前，英國航海家柯克率領艦隊向東方探險，尋找新大陸，終於發現澳洲，他上岸插上英國國旗，從此這塊廣大的土地便成為英國的屬地。當時島上祇有少數土人，到處都是叢林野獸。開始英國政府遣送大批囚犯前來墾殖，經過二百多年辛勤開發，澳洲今天已列於開發國家之林。

一九七一年春，我奉派前往澳洲昆士蘭州首府布里士班開設領事館，看到的是一個美好的樂土，人民和善友好，生活樸實安閒。我們初到時，尋租辦公處所及住屋，與澳洲官員及人民交往，得到很多協助，順利完成建館工作。

我新開的領事館，設在布市中心澳洲聯邦銀行大樓上第四樓，一天中午出來午餐，信步走到街旁，看到一家糕餅店，櫥窗內擺了兩塊酥餅，裡面站了兩位年老的女店員，我進去指明要買這兩塊酥餅。一位老婦人告訴我說：「這兩塊酥餅是昨天做的，不能賣了。」我說：「沒有關係，我喜歡吃酥餅，很想買它。」她說：「隔天做的餅不能吃。」她們這樣誠實做生意，令我感佩。

我初到布里士班不久，當地每日紀事報（Daily Mercury）記者到我家訪問吾妻任培真，談到家居生活，吾妻說到新居水電壞了，不知何處去找水電工修理。這位記者說：她的爸爸會修，現在退休在家。她立即打電話給她爸爸，請他前來我家修理。我妻初以為她家就住在附近，順道過來幫忙修理，哪知等了半個多小時才到，又化了半個多小時才修好，不取分文，歡歡喜喜而去。澳洲人民這樣熱心助人，吾妻一再表示感激。

我家住在布里士班市郊，住定後，送女兒康麗及小兒春田進附近小學三、四年級，費用全免。春田首次進入外國學校，有點膽怯，不肯讓我離去。後來他們發現澳洲老師和同學們對待他們都非常的友好。每天一早起來，就要求早去上學。學校距家不遠，每天他們姊弟兩人揹著書包走路上學，都很安全。澳洲盛產牛羊，牛奶價廉物美，學校每天供給學生免費喝牛奶。我家每天也訂購兩瓶新鮮牛奶，晚間祇要把奶瓶放在大門口，價錢放在瓶上，次晨送牛奶的人，把新鮮牛奶放在門口，收去價錢，錢從來沒有短少過。

吾妻患有心臟病，一天夜晚病發，我急電附近醫院的家庭醫師，他趕來我家為吾妻診治。看完病後，他對我說：他的妻子現也臥病在床，他有兩個幼齡兒女，等著他回家照顧飲食。我看他為吾妻看病過程中，細心為病人診治，沒有一點不耐煩的樣子。我拿著他開的藥方去買藥，藥房每種藥開價都是澳幣一元，開始我不了解，為何每種藥價都是一元，後來我才明白，這是健保公定價格。

吾妻的心臟病，曾經榮總名醫丁農診斷過，他告訴過我：吾妻患的是風濕性心臟病，必須在四十歲以前開刀診治。在布里士班有一家著名的專治胸腔科醫院 Chermside Hospital。經好友陳作睦介紹，認識這家醫院院長。與吾妻商量，認為這是一個難得的機緣，乃於一九七一年七月十四日，送她住院治療。院方祇問我妻健康保險號碼，就辦完一切住院手續。經各科醫師聯合會診，認定吾妻心瓣膜狹窄，必須開刀醫治。先住院調養十天，於七月二十四日上午八時送進開刀房。我在院探視，直等到中午十一時許，醫師才出來告訴我，開刀進行良好，勿用擔心。待吾妻推出開刀房，我在旁守候。她醒來時，開口說了第一句話：「我死了一次，又活了過來。」我在旁忙安慰她說：「主治醫師說，開刀結果非常良好，在醫院休養幾天，就可出院。」開刀過後，她在醫院調養兩週，直到八月六日才准出院。我去辦出院手續時，院方告訴我：不用辦任何手續。開始我有點不相信，病人住院二十多天，食宿開刀醫藥需要一大筆費用，我沒付一文錢，如何能不簽一個字，就可自行出院。正在我滿心懷疑時，走進病房大樓，遇到主治醫師，我問他：吾妻出院要不要辦出院手續？他回答說：「不用。今天院外陽光高照，你可帶她出去享受美好的陽光。」回到家中，我一直惦念著未付醫院費用，過了三個多月，才收到通知，住院全部費用，祇要七十多澳幣，不到一百美元，而吾妻多年的心臟病完全康復，身體日漸恢復好了起來。我對澳洲健保制度之完善，醫師醫德醫術之高明，終生感念。

十三、中澳斷交

一九七一年十月二十六日上午，我陪同我國駐雪梨總領事王國銓兄參加亞澳學會，他在會中發表演講。下午我陪他前往黃金海岸觀光，歸途他打開收音機，正在播放我國出席聯合國大會首席代表周書楷部長宣佈退出聯合國新聞。國銓兄聽到後大驚失色，我因在國際司主辦我國在聯合國代表權有年，深知我國在聯合國代表權遲早不保，而今我國退出聯合國，勢將影響我國與友邦的邦交，深恐中澳邦交亦將有變。

到一九七二年二月二十一日，一向反共的美國總統尼克森突於今天飛抵北平，與毛澤東和周恩來商談和解，國際形勢對我國更加不利。九月二十九日，日本首相田中宣佈與中共建交，同時與我斷交。迄至秋季，澳洲大選，工黨上臺，澳洲終於十二月二十二日，正式宣佈與我國斷交。

在此之前，我國駐澳洲大使沈錡夫婦已先得知這一消息，依照外交慣例，他已先行離開澳洲。我接到駐澳洲大使館章德惠秘書通知，要我儘早準備撤館事宜，部令館中印鑑秘碼本須隨身攜帶，車輛等類館產可以變賣。我接電後，深感沮喪。

我國駐布里士班領事館是我一手建立的，領館辦事處設在市中心澳洲聯邦銀行新建的大樓上，設備新穎，是當地其他國家領事館所不及，華僑前來領館辦事，都引以為傲。尤其我不惜重金，在聯邦銀行大樓上，建立一個漂亮的旗桿，每天升起青天白日國旗，與英澳國旗同在天空中飄揚，很遠處都可看到。沈錡大使初次訪問布市時，坐在車中，看到國旗在空中飄揚，也感到訝異，因為各國駐澳洲使領館，多數是從樓窗中伸出旗桿懸掛國旗，在高樓陽臺上自建旗桿懸掛國旗則不多見。

每天清晨上班，我和同仁站在陽臺上升起國旗，望著美麗的青天白日國旗，與英國及澳洲國旗同在藍天白雲中飄揚，我內心深感驕傲。當中澳斷交後，我於一九七三年一月十二日和同仁行降旗禮時，心情萬分沉重，我非常珍視這面國旗，一直收藏在我的箱底，我要將它傳給子孫，作為我使澳的永久紀念物。

我來布里士班開設領事館，僅有一年多時間，一切安排，方始就緒。突遭斷交關館，心情鬱悶。昆士蘭州許多友我人士，紛紛來電慰問，並對澳洲政府與我斷交表示不滿，我則需要作各項撤館事宜。為了僑民在澳居留便利，凡持有我國護照者，均再予延期三年，凡新來申請護照的僑民，均發給效期六年護照。並將館中所有文宣資料及一部電影放映機與影片，全送給「自由之友中國協會」，請賴特會長繼續為自由中國宣傳。

一九七三年一月十六日，我偕同家人啟程回國，到達機場，有記者送行，問我：「你的政府現在還要反攻大陸嗎？」我說：「我從未想到會來澳洲工作，今日離去，對美麗的澳洲和友好的人民，依戀不捨。中國是我的故鄉，我堅信總有一天我們會回去的。」

拾壹、回條約司修練

民國六十二年一月二十四日，我和家人飛返臺北，暫住在自由之家。奉到部令，派我為條約司副司長。我原從條約司外放出去的，現在重回條約司工作，因為工作性質與環境，我很熟悉，有點回家的感覺。過去條約司承辦聯合國業務，為維護我國在聯合國的代表權，工作至為繁忙，而今我國已退出聯合國，有許多友好國家與我國斷交，條約司原承辦的國際組織及與友邦國家的條約簽訂及詮釋的業務大為減少，日常業務偏重國際法之研究。可以說工作就是研究，而研究也就是工作。我原本對國際法有濃厚興趣，我應把握這一良好機會，沉潛在工作進修，為未來從事外交工作打好基礎。

三月三日，我晉見沈昌煥部長報告我在澳洲工作情況，他未多問。指示我說：你初進部時，我派你到條約司去學習，現今你回到條約司工作，應再修練，把工作做好：㈠我國歷年簽訂的條約，應製作索引卡，並將其編成冊，於本年出版；㈡本部各種法規應隨時加以檢討；㈢與友邦國家簽訂的條約，應隨時檢查執行進度，到期、延期等情況；㈣注意其他部會與他國所訂的合約及協議；㈤訂購國際機構所出版之法規及美國國務院發行之公文書，加以研讀。沈部長這些指示，至關重要。現在回顧起來，我感到很慚愧，未有好好做到。

四十九年，我初進外交部時，適值南海風雲驟起，菲、越窺伺西、南沙群島，引起國際交涉。我為辦案需要，翻查檔卷，看到義大利前駐廣州總領事羅斯（Giuseppe Ros）生前搜集大量南海歷史文物資料，死後所收藏的文物散落坊間。外交部葉公超部長聞悉，斥資搶購到若干斷簡殘篇，讀後感觸良深，引起我對南海問題研究的興趣。

六十二年，我調回條約司工作，再度查閱南海全部檔卷四十餘冊，筆記其中史料要點，寫成草稿，留作日後研究查考。六十三年，復至臺北中央圖書館搜集有關南海的古籍，彙編成《南海諸島歷史叢書》十五冊，交由臺灣學生書局出版，對外公開發行，受到中外學術界重視，很快銷售一空，現今已經絕版，我保存一套，留作日後參考。

六十三年十一月二十六日，接到外交部主任秘書管傳埰通知，他本人之主任秘書職務，奉令交由吳三禧公使接替，而吳三禧原擔任之國會聯絡秘書職務，交由我接任。我想這是沈昌煥部長的厚意，認為我原在立法院任秘書多年，現提升我為專門委員，兼任國會聯絡工作，甚為適宜。可是工作量增加了，我在條約司的研究工作必然要減少。

後來我發現國會聯絡秘書的職務，主要有三項：一、陪同部長出席國會及中央政策會報告外交政策；二、陪同駐外各國使節出席國會報告駐在國政情及與我國之關係；三、立監委員提出之書面質詢，交由我擬稿作答。好在沈部長任外交部部次長多年，又善於言詞，他與立監委員們都很熟識，出席報告外交政策輕而易舉，無需我從旁多勞。而我是由立法院調到外交部工作，現在陪同部長回到立法院，有回到老家的親切之感，對聯絡工作沒有任何困難。

六十四年春，中南半島局勢惡化，赤柬兵臨永珍城郊，四月一日高棉總統龍諾被迫出國，我國駐高棉大使孔令晟乃將我國駐高棉代表團人員暫遷至泰國曼谷，其本人先行回臺。四月十六日，我陪同孔大使至立法院報告「中高關係及高棉僑務情形」。孔大使報告說：五十九年三月十八日，龍諾將軍乘高棉國王施亞努出訪中國，發動政變，成立民主高棉共和國，與我國建立邦交。建政五年以來，政局一直不穩，雖有美國支援，但軍隊腐化，缺乏戰力，今赤柬（棉共）兵臨城下，四月一日龍諾被迫出國。我國旅居高棉華僑共有六十萬人，多數已入高棉籍，保有華僑身份者約有二十萬人，持有中華民國護照者約有二萬人。他們在僑居地多有基業，不願輕易離開。孔大使報告之後的第二天（四月十七日），棉共頭目喬森潘領軍攻進高棉首都永珍，將我僑胞全部趕出城外，強迫至農村勞改，殘遭殺害，幾無倖免，至為悲慘。

六十四年四月三十日，南越淪亡。立法院於五月十四日下午三時，召開外交暨僑政委員會聯席會議，邀請我國駐南越大使許紹昌報告「越南情勢及撤僑情形」。我陪同許大使前往參加。當我走進會場，立即感受到會場氣氛凝重，我在立法院工作多年，這卻是我從未看到過的緊張情況。在許大使報告後，各委員紛紛發言，交相譴責許大使未能善盡撤僑的工作。許大使報告說：「越南有一百五十萬華僑，百分之九十八入了越南籍，成為越南人，越南政府嚴格禁止越南人出境。大使館雖發給他們我國護照，如無從他國入境證明，也不能出境。我國政府派有四艘登陸艇停泊在頭頓港口，在兵荒馬亂危急之時，衹救出八百五十五人。」不管許大使怎樣解釋，立法委員們指責的聲浪此落彼起。我深感中華民國外交官難為，在國外受盡委曲，忍辱負重，回到國內，還要為政府揹黑鍋。許大使是一位卓越的外交人才，從此退出壇坫，息影美國舊金山，客死異邦。

六十四年七月七日，我陪同駐泰馬紀壯大使向立法院報告「中泰外交關係終止之經過」。馬大使說：今年四月十七日高棉淪亡；四月三十日，北越統一越南；五月五日，寮王垮臺。中南半島變色，泰國面臨嚴重威脅。克立巴莫組閣後，力圖改變其親美政策，由察猜外長指派安南次長赴北京與中共商談建交成功，七月一日正式宣佈，同日與我終止外交關係，我國提出嚴正抗議。至於中泰雙方貿易額約為一億五千萬美元，我方入超約一億美元。今後關係如何維持，原則上容後商談，同時要看中共持何態度。

拾貳、使泰十五年

一、泰國王室與我

一九七五年七月一日，中華民國與泰國斷交，我政府為延續兩國經貿關係，同年八月二十八日，我奉派為駐泰代表。九月十日抵泰履新，一切須從頭開始。

派往無邦交國家辦外交，過去從無成規可循。我想國與國間的邦交，不外人與人之間的交誼，我能以誠信待人，終可獲得他人的信任。惟辦外交須與駐在國權貴交往，如能獲其信賴，將可突破人為一切障礙，政府間有任何交涉，均可迎刃而解，達成任務。

泰國自一九三二年實施君主立憲以來，國王不過問政事，歷來政權多操於軍事強人之手，但現任泰王蒲美蓬在位多年，勤政愛民，深得全民愛戴，無人敢違逆其意旨。

自一九七〇年開始，我國曾派遣農業專家支援「泰王山地農業計畫」，在清邁皇宮附近山地，闢建「大埔農場」，頗有成效，特建立中國式八角亭一座，供泰王休憩與觀賞風光，藉表景仰。我抵任不久，工程如期完竣，經與「泰王山地計畫」主持人畢沙迪親王商定，於一九七六年二月二十日，我代表政府向泰王呈獻，屆時泰王偕詩麗吉皇后蒞臨，欣然接受，表示感謝，並邀請我參加泰王於晚間在清邁行宮舉辦之答謝宴。

「泰王山地計畫」旨在教導泰北山地少數民族，改種高經濟價值的農作物，以取代鴉片。我政府選派在山地栽培溫帶水果有豐富經驗的國軍退除役官兵輔導委員會的福壽山農場場長宋慶雲，前往支援，他經過考察，選擇在泰、緬、寮三國交界的高山地區，闢建「安康農場」，佔地廣闊，試種溫帶果樹，經多年辛勤耕耘，所種的桃、李、柿、梅、梨、蘋果等，均開花結果，後來逐漸推廣，教導山地少數民族栽種。他們種果樹的收入

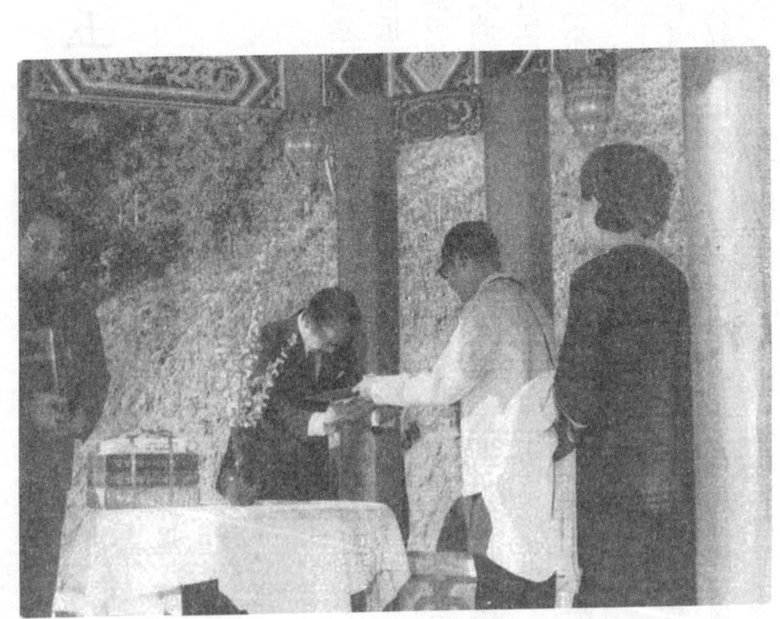

沈克勤代表向泰王呈獻中國式御覽亭，詩麗吉皇后（右一）

超過鴉片，因此惡名昭彰的金三角鴉片產量逐漸減少，迄今已經絕跡。

泰王每年三、四月在清邁避暑期間，邀請我國退輔會前後任主任委員趙聚鈺、鄭為元，率農業專家前往泰北，與其一同前往「安康農場」視察。看到山地果樹開花結果，一片欣欣向榮景象，山民成群結隊載歌載舞，前來歡迎。

泰王伉儷看到山民這樣歡樂情景，大為喜悅。當天晚間，在清邁行宮設宴，答謝國內外支援山地計畫人員，我國代表團官員坐在首席，與泰王暢談農田水利，氣氛極為融洽。在座泰國文武官員及學者專家目睹泰王對我國官員如此友善，自此之後，我與泰國政府軍政要員交往極為順暢。

我在泰國任職期間，泰國政權多操在軍事強人之手，我與泰國兩位總理堅塞將軍及秉丁素拉暖將軍，交往密切。有一次我去堅塞官邸商談兩國關係，堅塞總理令其外長坐在一旁聆聽，後經泰國內閣正式通過，提升我國代表處為商務處。

泰國宮廷有兩位重要成員，一位是皇太子哇棲拉隆功，另一位是皇姐葛亞妮公主。我曾分別邀請訪臺，在陪同他們訪問期間，很容易建立友誼。

泰王身邊有三位重要大臣，第一位是他最親信的畢沙迪親王，第二位是泰王侍衛長尼蘭海軍上將，第三位是泰王秘書長他威訕。我和他們交往密切，遇有我國重要官員訪泰，不需經由例行公文程序申請，都是透過畢沙迪親王直接傳達，只要一通電話就可辦到。我國外交部次長楊西崑偕亞太司司長沈仁標訪泰，即是經由此管道，泰王在清邁行宮設宴款待，晤談

沈代表（左）與泰國皇太子哇棲拉隆功暨妃合影於臺北圓山飯店

至深夜，當晚住在太子寢宮，受到極高規格款待。後來李登輝總統訪泰，也是經由此管道，在曼谷大皇宮與泰王暢談中泰兩國農業合作。

一九八三年暑假期間，我從美國探親回臺，幸與李國鼎部長同機。我向他簡報我國支援「泰王山地農業計畫」，教導山民種植溫帶果樹，以取代鴉片，極為成功。他指示應編寫一本英文報告書，廣為宣傳。一九八七年，李國鼎到泰國曼谷參加麥格塞塞得獎人會議，他將此書分送給各國評審委員，並建議給予獎勵。後經麥格塞塞基金會決定，一九八八年頒給「泰王山地計畫」國際瞭解獎（1988 Ramon Magasaysay Award for International Understanding）。這是我國援外計畫對國際社會所作的重大貢獻，受到國際社會普遍讚譽。

二、我與泰國堅塞總理的交誼

泰國堅塞總理（K. Chomanan）是中華民國的真正友人，自我認識他之後，兩人便成了知交，無事不與他相商。他對促進中泰間的邦誼，無不盡力而為，對於代表處在泰的工作，相助尤多，甚至對我個人在泰的生活，亦多予照顧，及今思之，仍使我感念不已。最使我不能忘懷的，有下列三事：

(1)中泰斷交之後，我以中華航空公司代表身份，赴泰設處辦事。堅塞初次與我見面時，就對當時泰國政府只同意我政府用華航民間名義表示不滿，對本處初期在泰所遭遇的實際困難，他都設法幫助解決，及至一九七七年，他出任總理之後，任命職業外交官鄔巴迪（Upadit Pachariyangkun）為外長，對外政策，完全聽從堅塞總理決定。我常與堅塞總理商談重要問題時，鄔巴迪坐在一旁很少發言，唯堅塞之命是從。在堅塞大力支持下，我在泰工作極為順利。關於本處的名義問題，我曾多次與他研商，他為和緩越共對泰國邊境的武力威脅，不得不拉攏中共以牽制越共，因而不願我處改用中華民國代表官方的名義，得罪中共，最後經他向泰國國務院會議提案通過，本處自一九八〇年二月十四日起，易名為「駐泰國遠東商務處」，享有半官方的優遇，可與泰國官方交往，兩國高級官員亦可往來訪問。

(2)我國政府官員訪問泰國時，都想見到當地政府最高首長，駐地代表對於這類請求的安排，最費周章，尤其在無邦交的國家，當地政府對於中共不無顧忌。我很幸運，得與堅塞總理有深厚交誼，我政府高級官員訪泰時，堅塞總理都樂於接待，優予禮遇，甚至將他在曼谷市區新建的私人住宅，用來招待我國的貴賓，他笑著對我說：這棟樓房可易名為「臺北賓館」。住過這棟樓房的有我國參謀總長宋長志夫婦、外交部長錢復。農復會主任委員李崇道及其同行人員，在這裡住了一兩個月之久，大家均有賓至如歸之感。

(3)一九七五年九月，我到泰國赴任設館，首先要找一個住處，適值越南大使館關閉，越南大使住的官舍空在那裡。我的司機阿松帶我去看，地點就在美國大使館官舍的對街，地點適中，佔地寬廣，院中有游泳池，前後院種十幾株芒果樹，原是前泰國強人乃砲的私宅，現今歸於他的一位姨太所有，租金約一千美元，在當時並不算昂貴，我看後，當即承租下來。住了三年多，房東

沈代表（中）陪同外交部錢復次長（右一）與堅塞總理（左一）晤談

要將這棟房屋出售，我被迫遷住到一位華僑新建的華廈，院落不大，但房屋結構是西式洋房，精美高雅，住了一年多，房東要收回自住。我到處尋找居所，在曼谷市區想找一個適當的房子，頗不容易。我看了許多出租的房舍，都不滿意，最後想到堅塞在市區的私人住宅，他本人仍喜歡住在郊外老宅中，市內的房子空在那裡。一天，我和他情商，要他租給我住，當時他任總理，怕人講閒話，未能答應，後來他不做總理了，始允讓我暫住，他也沒提出要多少租金，我也未與他簽租約，我於一九八〇年十月搬住到他的「臺北賓館」，就一直住了下去，我按月依照市價送繳房租，他始終未嫌少。這棟兩層樓房，有九個房間，包括五個睡房，兩個會客室，兩個會議廳，前院有游泳池及花園，後院有工人住房，據說原是作為總理官邸之用。我住進之後，在家開會宴客極為方便。一九八二年四月十五日，僑務委員會毛松年委員長在曼谷召集第一屆亞洲華僑聯誼會，即在我家中舉行。亞洲各國僑領前來參加的有百餘人，中午，我在家樓下餐廳設午宴招待，餐後就上樓開會，寬敞方便，不受任何干擾，會議圓滿成功。

我一向本著孔子教導的「言忠信、行篤敬」的做人道理，與堅塞交往。在開始階段，他對我認識不夠，有一次我陪外交部次長楊西崑去拜會他，他當面對我表示不滿，我對他說：「我對你的忠誠，超過你的親信部屬。」他聞言不語。從此之後，我們相互信賴，合作無間。因為我是在泰工作，許多事都須仰賴他的支持，他也從未推託，使我衷心感念。我調離泰國之後，對於泰國友人時常懷念。一九九二年冬，我聽說堅塞臥病在床，我偕同一位中醫朋友，飛往曼谷，下機後，我們就去看望他。進門就見到他袒胸躺在客廳涼蓆上，我介紹中醫師給他推拿，他欣然接受。我看中醫在他身上用力拍打甚重，我深怕打出問題，在旁一再要求他打輕一點，可是他越打越重，堅塞經他拍打之後，神志清爽許多。我們離開，他介紹這位中醫，去為前商業部長歐布看病。我們去看歐布，他的病情更重。現今聽說他已作古，而堅塞亦已昏迷狀態，仍在與病魔掙扎。回想過去種種情景，教我念念不忘。

三、沙瑪另組泰國國民黨

我任駐泰代表未久，初聞沙瑪（Samak Sundaravy）先生大名，是在一九七六年秋，這時他以泰國民主黨的青年才俊，出任社尼巴莫內閣的內政部副部長。我於這一年十一月二日到內政部去拜訪他，在他辦公室內擠滿了求見的民眾。他從容周旋於賓客之間，和藹可親，與每一訪客親切交談，詞鋒犀利，氣宇軒昂，給我留下美好印象。

當時泰國外受越高寮三個鄰邦的威脅，內受叛亂分子滲透顛覆，學潮罷工迭起，政局動搖激盪，情勢岌岌可危，大有可能成為東南亞下一張倒下的骨牌。當此國家存亡之秋，泰國有識之士，無不憂心忡忡，憤起圖謀拯救國家於危亡。

一九七九年三月十七日上午，沙瑪先生以在野之身，來我辦公室暢談救亡圖存之道。我為他的救國熱情所感動，隨手在書架上找出兩本書贈送給他，一本是英譯版《三民主義》，一本是英文《臺灣土地改革與經濟發展》。我說：「當年孫中山先生為了救中國於危亡，講述這本《三民主義》，一直成為我國政府的施政綱領，現今臺灣的經濟建設，就是實踐他的理想，我送這兩本書提供你參考。」

過了一段時間，沙瑪先生又來看我。他說：「為了達成我的救國救民的宏願，孫中山先生成立『中國國民黨』，我將另組政黨命名為『泰國國民黨』（Thai People Party），其宗旨在追求泰國國家的獨立自主，泰國人民的福址安寧，並將參加下屆國會大選。計劃第一次參選，要贏取曼谷地區議席的多數；第二次參選，要贏取曼谷及附近省區議席的多數；第三次參選，贏取全國選區議席的多數。依照泰國憲法的規定，國會每四年改選一次，目標訂在十二年後，『泰國國民黨』將可執政，施行福國利民政策。」我聽了他的雄圖之後，對於這樣一位有理想有抱負的政治家，敬佩之心，油然而生。

沙瑪先生領導新成立的「泰國國民黨」，參加一九七九年四月二十二日國會大選。在競選期間，沙瑪先生在曼谷王家田廣場上，振臂高呼，每次聽講的群眾超過數萬人。他呼籲泰國人民團結起來，保衛國家，擁戴國王，維護佛教，共同來為泰國民主自由奮鬥。他競選演說，雄辯滔滔。像湄南河水，一瀉千里，當時雖赤焰高漲，亦莫之能禦。因為他說出泰國人民的心聲。他的演講錄音帶，在大街小巷銷售，全數所得，作為國民黨的競選經費，這也是近代民主國家政黨籌措經費的創舉。開票之日，「泰國國民黨」囊括曼谷地區三十二席中的二十九席，又贏得省區三席。此一漂亮的選舉結果，使沙瑪先生一夜之間，一躍而成為泰國政壇升起的熠熠明星。

一九八三年五月七日，沙瑪先生出任秉內閣的交通部長。他就職當日上午，親自來我辦公室拜訪。他說：「今天是我上任之日，我第一個先要拜訪的就是中華民國的代表。」我聽了甚為感動，認為這是一位有情義的朋友。在他任內，中泰合作關係有顯著的增進。他決定將泰國南部秉總理故鄉宋卡海港碼頭工程交我榮民工程處承建；繼將貫通泰國南北交通的宋卡大橋交給中華工程公司建造。秉總理對於在他家鄉興建的這兩項重大工程，非常重視。中華工程公司開始建造宋卡大橋的橋基工程，因河水淺而淤泥深，初期稍有延誤。秉總理聞悉，親往視察工程進度，指示一定要如期完成。我特為此事，飛回臺北一趟，商請中華工程公司加快建造此橋的進度。中華工程公司為求趕工，決定從橋的兩端同時施工，這樣加速進行，將可如期完工。我回到曼谷，週日在近郊鐵路高爾夫球場打球，巧遇秉總

沈克勤代表拜會秉總理（左）

理在同一球場打球，我過去向他說明中華工程公司決定加速建造宋卡大橋，並可提前完工，他聞悉甚表欣悅。

一九八六年八月二十六日，舉行宋卡大橋通車典禮，泰國南部人民歡欣鼓舞盛大慶祝。為紀念秉總理施政對泰國南部的貢獻，這座大橋就以秉總理之名，命名為「秉丁素拉暖」（Prem Tinsulanonda）大橋。我與沙瑪部長同往參加此一盛典，兩人相見，都為這座象徵中泰人民友誼的大橋完工同感歡欣。

一九八三年二月九日晚間，我去參加僑領謝正民、國民兄弟們尊翁卜蜂公司創辦人謝易初老先生在越貼素輋佛寺舉行的喪禮，在座有前總理堅塞上將。我正在與堅塞談話，這時沙瑪先生步入禮堂，他看到堅塞上將出家為僧，身披袈裟，沙瑪先生馬上走到堅塞面前行跪拜禮。我在一旁，親眼目睹這一幕情景，印象深刻。在我國人眼中，沙瑪與堅塞二人，不啻是政敵，沙瑪先生尊佛敬老，真心誠意，向堅塞上將下拜，這種雍容禮讓的君子之風，實是現代政治家民主風範的最佳寫照。

一九九四年雙十節前幾天，沙瑪夫婦應我國政府邀請來臺訪問。在這期間，行政院新聞局頒贈國際傳播獎給他，以表彰他多年來為促進中泰友誼所作的貢獻。我邀請他賢伉儷參加中泰文化經濟協會歡迎泰國華僑回國慶賀團於十月八日在中泰賓館舉辦的茶會。沙瑪先生以貴賓身份在會中演講，他的才華與風采，不減當年，引起全場僑胞熱烈的迴響。坐在他身旁的沙瑪夫人，雍容華貴，溫婉莊麗，展現出泰國婦女和藹慈祥的高貴氣質。

一九九五年六月十三日，欣逢沙瑪先生六十華誕。我雖遠居美國，仍獲邀撰文為他祝賀。經張象錡同事譯為泰文，在他的祝壽專集中刊出。一九九八年十二月一日，泰國第二十二位總理昭華立組織新閣，沙瑪再度蟬聯副總理，而今他已成為泰國的元老政治家。他一直堅持著他的政治理想，為民主自由而致力。

他為了實現為民服務的理想，於二〇〇〇年，委身參加曼谷市長選舉，以他多年從政的聲望，一舉當選，登上首都市長寶座，得以施展他福國利民的宏圖。

二〇〇八年初，泰國紅衫軍興起，沙瑪先生獲得廣大鄉村地區多數人民的支持，終於登上泰國第二十五任總理寶座。我閱報得知後，深為我這位老友實現他的夢想而高興，特地寫信去祝賀說：「三十年前，你曾告訴我說：你將領導泰國國民黨，贏得泰國大選，而今美夢成真了。祝願在你領導下，泰國成為民主自由富庶繁榮的國家。」不久，接到他覆信致謝。難料政治

沈代表與沙瑪總理把酒敘談

風雲詭譎多變，執政數月，他就下臺了。

四、中華會館浴火重生

一九六六年十月，我抵泰履任之初，第一個去拜訪的僑團是中華會館，因為這是國父孫中山先生在曼谷手創的革命會所，又是最支持中華民國的愛國僑團。當我驅車來到孔堤萬界三攀區五十二號，看到廣場中間一個泰式高架木屋，好像建築在一個水池上，房屋四周都是草地，沒有修剪，雜草蔓生。走進屋內，地板破損，走在上面，有點搖晃發出吱呀聲響，地板有裂縫破洞，如不小心，腳會踏下去，我看到這樣的場景，心中不禁在懷疑，這就是中國國民黨在泰國的總部嗎？

中華會館理事長余鶴史先生出來接待我，他是客家人，從事縫衣業，為人謙和有禮。余理事長告訴我說：「中華會館原設在四披耶四一七號，是一所二層樓洋房，一九五六年五月八日凌晨，被歹徒放火焚燬。當時有自由中國音樂家朱永鎮教授適來泰準備開音樂演奏會，寄寓會館二樓，未及逃出，不幸罹難。火勢極為猛烈，僅一小時餘，二層樓房化為灰燼，僑胞多認為係共黨陰謀。到了一九五八年，在毛松年主任指導下，各會員出錢出力，以泰幣五十八萬銖的價格，購得此一住屋，作為新會所。」

㈠創立經過

一九〇七年秋，國父孫中山先生偕汪精衛等人由越來泰，宣揚革命，在泰京創立中華會所，成立中國同盟會總支部。時在民國前五年，國父指示：「同盟會組織應採秘密原則，中華會所可公開活動。」並指定蕭佛成為支部部長，選許金泉為中華會所經理。許金泉雖不是同盟會員，但為接近同盟會的愛國僑胞。會所初設在四披耶路湄南河濱之蕭寓，其後數度遷移，最後遷至四披耶路正街。

其後中華會館的業務，隨著國運的興衰而起伏。民國十五年國民革命軍北伐成功，蕭佛成曾被選為中央監察委員，後曾一度出任中央海外部長。抗日戰起，抗敵後援會應運而生，許多有志泰華青年，回國從軍，迄至日軍侵佔泰國，中華會館的會務遂無形停頓。

抗戰勝利，旅泰僑領雲竹亭、陳景川、廖公圃、馬立群、馮爾和等五十餘人發起，恢復中華會館，並推雲竹亭、張蘭臣、蘇君謙、黃鴻秋等人，向泰國政府主管機關註冊成為一合法僑團，舉辦文化及公益事業。一九四七年七月十四日，召開會員大會，選出第一屆理監事，張蘭臣為理事長，雲竹亭為副理事長。從此中華會館步上軌道，其間雖因人事更迭，對會務發展有所影響。但近百年來，歷經愛國僑胞的不斷努力，中華會館已經成為泰國華僑綜合性的領導社團。

㈡結合青年才俊

一九六七年三月二十九日，中華會館舉行青年節紀念大會，我陪同彭孟緝大使前往參加。中華會館木屋破舊毀損，屋內已經不能舉行集會，屋外廣場是泥土地，雜草蔓生，也不適合舉行集會。中華會館就在屋外右側，臨時搭蓋一個帳棚，擺了十幾張長板櫈，坐了二三十位僑胞，大都是彎腰駝背，七老八十的忠貞愛國的老會員，看不到有青年參加。大會開始，主席余鶴史致詞後，請彭大使訓話，都是照本宣讀，最後通過上總統致電文及致三軍將士書。行禮如儀。我回到辦公室，向中央寫了一篇報告完事。在這次集會過程中，我有很深的感觸！紀念青年節大會，沒有青年人參加，徒具形式，毫無意義？

後來我逐漸瞭解，在國父創立中華會館之初，參加的盟友及會員都是青年才俊，革會成功之後，歷經國內政局紛擾，海外中華會館會員也受到影響，經常發生意見紛歧。在泰國鑾披汶總理執政期間實施排華，泰國華僑都不敢公開參加愛國活動。一九四九年中共奪占大陸之後，僑社間也發生左右兩派不同意見，相互衝突。潔身自愛及身家富有的僑領都不願參加中華會館，怕引起麻煩。

沈克勤代表與中華會館林來榮理事長（右）晤談

長久下去，中華會館的地位及聲譽也隨之低沉下去，自然引不起青年人參加的興趣。

次（一九六八）年，在紀念青年節籌備期間，我曾和主辦黨務工作的李劍民兄私下會商，建議改變紀念活動形式。我說：「青年人都喜歡唱歌跳舞，為了引起青年人前來參加青年節紀念會的興趣，何妨變為紀念舞會，屆時一定會有青年人參加。」李兄同意後，於三月二十九日晚間，在介壽堂舉行紀念舞會。行禮如儀之後，舞會開始，有樂隊伴奏，由我與內子培真開舞，前來參加的男女青年，紛紛下場同樂。正在會場氣氛熱烈的時候，有一位老會員攜來兩三位舞女下場跳舞。在場的仕女當即看了出來，紛紛拉著男友退場，弄得舞會不歡而散。

到了第三（一九六九）年，我又和劍民兄商量，建議將青年節活動改為唱歌比賽。商定之後，先由曼谷華語電臺，舉行唱歌比賽，各組先選出優勝者。三月二十九日晚間，舉行決賽。當天晚上，許多參賽學生的親友都前來觀看，會場充滿熱鬧氣氛。青年節紀念會行禮之後，唱歌比賽開始，青年男女學生，均熱烈登臺表演，展現其優美歌聲，坐在臺下的親友，無不歡欣鼓掌。最後宣佈比賽結果，雖有冠亞軍之分，參賽者都領到獎品，興高采烈而歸。會後大家都認為這次紀念青年節大會辦得很成功，以後就接連這樣辦下去，盛況一年勝過一年。會場內觀眾擠得水洩不通，連窗口外都站滿了觀眾。

一九七五年中泰斷交後，我第二度到曼谷，泰國僑團亦隨著政府立場的轉移而有不同，最支持中華民國的祇有中華會館。這時中華會館理事長是林來榮先生，他為人謙恭和藹，平易近人，是一位「好好先生」。他博學多才，精通中、英、泰文。自創泰記有限公司，代理歐美及日本名廠出產之輪胎、摩托車及其他產品，後又與臺資合作，創設規模龐大的亞洲纖維有限公司。此外尚經營金融、信託、汽油和航運業務，蔚為泰華工商界巨擘。早歲參加抗日地下工作，曾沉船淹死日軍。戰後出任泰國總商會副主席，天華醫院董事長，林氏宗親會及潮陽同鄉會理事長、華僑報德善堂理事及京華日報董事長，出錢出力，熱心服務僑社，甚孚人望，在此艱困時期，他一肩挑起中華會館的重任，我和他密切配合，共謀中華會館業務的革新與開展。

我始終認為中華會館的革新，必須引進青年人參加，充實理監事人選。當時我認識許多留臺同學，他們都非常優秀。我鼓勵他們組織同學會，先後成立臺灣師範大學、臺灣大學、政治大學同學會及黃埔校友會，在曼谷僑社中蔚成一種新風氣。同時我勸他們個別參加中華會館為會員，其中有張立明、許景琪、黃

沈代表與中華會館理事長饒培中（左）暨夫人李明如（右）攝於泰國留華同學會門前

根和等人，後來又有符傳文、饒培中、謝漢章、許卓光、劉承叔、陳朝海、潘子明、賴文忠、陳世虎、張政銘、丘靜燕、楊岳河、許景怡、李錫祺、陳海燕、紀松材、符敦虎多人參加。他們都是具有現代智識的青年人，和老一輩的會員，在思想觀念上迥然不同，在行事作風上亦有差異，一度曾與曾雄理事長發生衝突，老會員不許臨時整批入會的新會員投票，引起不少風波。留臺同學來到我辦公室申訴。我告訴他們：「長江後浪推前浪，時代潮流是任何人抵擋不住的。」時移勢轉，十幾年後，這批新秀，都成了中華會館的領導人，對整個會務的發展，確實有了顯著的進步，中華會館在僑社的地位也獲顯著的提高。

㈢興建中山紀念堂

一九六五年欣逢國父孫中山先生百年誕辰，中華會館理事長黎立柔在一九六四年元旦團拜時，提議籌建新會館，設立中山紀念堂，以紀念國父當年蒞泰指導先賢創立會館之美意，即席得到全體會員的贊同與支持，隨即進行籌備工作，不幸黎立柔理事長於一九六五年十月二十五日去世，籌建工作遂緩慢下來。

余鶴史理事長繼任後，曾積極展開建館工作。一九六八年五月十九日上午舉行奠基禮，由當時駐泰大使彭孟緝將軍主持。同年九月一日開始招商投標中山堂建築工程，由華僑王盛智所主持之偉力建築公司，以泰幣一百五十萬銖標得承建權。十一月二十九日上午八時舉行破土禮，由余理事長主持，中山堂正式開工興建。

建築期間，在理事長余鶴史，副理事長張亦錚、譚義操，監事長陳廣深通力領導下，正副總幹事呂炳烈、錢士奇不斷努力，駐泰大使館李劍民秘書從旁指導，並派鄭衍烈、吳宏淵、林建雄、林謙等熱心協助，得到曼谷及各地僑胞出錢支持，新型三層樓大廈於一九七〇年二月二十五日完工。繼續進行建築籃球場、裝修中山堂、講臺及中正廳，逐步完成。

一九七一年十一月十一日上午十時，在紀念國父誕辰的大會上，舉行中山堂揭幕禮，由當時駐泰大使沈昌煥主持，泰僧王剪綵，華僧長點粉。余理事長在致詞中感謝各方對於建築新廈的支持，呂總幹事報告建館經過及收支概況。建館工作出力最多的余鶴史理事長、譚義操副理事長及鍾珍雲女士，榮獲總統頒賜匾額。其他捐獻建築費甚多的理事有陳廣深、張亦錚、徐思恒、林來榮、李建南、李瑞泉、余順泉、徐騰飛、劉嘉祿、丘國輝、黃佛章等，榮獲僑務委員會頒發海光及華光獎章。

中華會館新廈落成之後，有廣大的禮堂及籃球場，可以舉辦各種文化活動。每年元旦團拜、三月二十九日青年節舉辦青少年男女籃球賽、歌唱比賽等，陰曆五月初五，舉辦詩人聯歡餐會，九月二十八日孔誕，舉辦教師聯歡餐會，雙十節舉行慶祝會，國父誕辰紀念會，都獲得僑胞的熱烈參與。

㈣開展教育文化工作

一九八七年一月十五日，中華會館舉行會員大會，這時新生一代的人員已佔多數，選出來的理監事，多為一時的青年才俊。張立明當選理事長，許景琪、黃根和、許卓光、陳朝海等為副理事長，大家同心協力，共謀會務發展，開創泰華僑社教育文化工作。

(1)一九八八年三月二十九日青年節，舉辦泰華青年學生國語演講與乒乓球比賽。自初賽到決賽，參加者極為踴躍，盛況空前。五月四日，為擴大服務僑社，特成立「泰華文教服務中心」，並設立圖書館與閱覽室，提供青少年文藝休閒活動。

(2)每年春假期間，舉辦泰華青年回國觀摩團，出國前先講習一天，回國觀光旅遊，增廣他們對祖國山川文化的認識。回泰後，成立「泰國中華會館青年聯誼會」，其中有喜愛音樂的青年，合組「菓菁音樂團」、「長青歌舞團」及「梅花合唱團」，展開演唱活動。

(3)許景琪任理事長期間，曾設立「中山講座」，於一九九三年十一月十三日舉行首次座談，講題為「中山思想與中國前途」，講員有聯合國亞太經社理事會高級官員蔣亨達、法新社曼谷分社副主任萊斯科，泰國華僑崇聖大學教授林摩尼，及泰國臺灣商會監事長黃灌君四位，聽眾有四百多人，開泰華學術講座之先河，為僑社所稱道。後來繼續舉辦，邀請世界各地有名學者前來主講，內容精彩，贏得泰華僑社一致讚賞。

(4)一九九一年初，泰國政府為適應華人前來泰國投資需要，開放華文教育。中華會館遂授權理事長張立明代表會館向泰國教育部申請設立華文學校，一九九二年十一月二十三日正式批准。此是泰國政府五十年來批准之第一所華文學校，定名為「中華語文中心」。推請張立明負責規劃教學設施、聘請教師及有關招生事宜。後來依照「中華語文中心組織章程」，成立第一屆董事會，推選張立明為校董會主席，黃根和、許卓光、陳朝海、饒培中、符傳文、許景怡為董事。「中華語文中心」於一九九三年二月二十七日正式開學，學生人數達二九三名，同時籌建教學大樓。

(5)中華語文中心建校委員會在許景琪理事長主導下，通過「獎勵贊助建校基金辦法」，獲得僑領丁家駿先生領先贊助泰幣一百萬銖，僑務委員會支助泰幣二百五十萬銖。建校基金初步累積到泰幣五百九十萬銖。中華語文中心教學大樓於一九九五年十二月十六日舉行奠基典禮，隨即正式開工。一九九六年九月，一生從事華文教育的老教育家許善楨先生，獨自捐助建校經費泰幣一千萬銖，引起僑界熱烈響應，共募得全部建校基金二千八百九十多萬銖。教學大樓完工，依章由許校長定名為「光華教學大樓」。一九九七年底，我重遊曼谷，特請同事莫藍玉駕車前往中華會館參觀，看到「光華教學大樓」六層建築，內部教室設備完善，有一千多學生前來學習華文，堪與曼谷留美同學會所辦的英文教學媲美。我對中華會館年輕一輩的理監事們，有此輝煌的成就，同感榮耀。

（參考泰國中華會館一九九七年一月十一日出版之「成立九十年特刊」）

五、在泰宣揚三民主義

一九八四年初，一位旅泰老華僑，送給我一本他珍藏多年的泰文版《三民主義》。我有意將它重印發行，遂請教一位泰文專家的意見。他審閱之後對我說：「三民主義譯成泰文發行，先後曾有兩次，現今都已絕版。翻譯這本三民主義的泰文，距今已有數十年，其中所用術語於今用詞已大不同，如要重印，不如重新翻譯發行。」聽後甚為贊同，但找誰翻譯呢？

我認識泰國一位著名學者，他是泰國法政大學校長陳貞煜博士。泰國政要多出自法政大學，陳校長在泰國學術地位崇高，他是否肯擔任此項翻譯工作呢？

我與陳校長交往多年，知道他是在泰國出生的第二代華僑，幼時在泰國鄉間唸泰文，抗日戰事勝利後，他的哥哥陳貞彬先生（後來臺曾任新竹縣長）接他回到潮汕唸中文，打下國學基礎。大陸變色後，他赴德深造，獲得法學博士，回泰受聘為法政大學教授，講授法律哲學。陳校長精研中西哲學，深諳印度佛理，學識淵博，每與交談，常獲啟發。一天，我親往其寓邸拜訪，將泰文版三民主義舊譯本送請他審閱，他也持相同意見，認為舊譯文已不合時宜，須重新另譯。我遂央請他主譯，他欣然接受。但我知道他校務繁忙，抽不出太多時間從事翻譯，乃請我處同仁張象錡充當他的助理，共同進行此項艱鉅工程。

張象錡兄是泰國僑生，畢業於臺灣中興大學，曾任中廣泰語廣播員，中泰語流利，口齒清晰。每次陪同泰國政要回臺訪問，都要借重他擔任傳譯，深受泰國政要讚賞。八〇年代初，他攜眷回泰尋找工作，我認為他是一位難得的人才，遂邀他來代表處工作，並介紹他的賢內助到中華航空公司曼谷分公司任職。我每與泰國重要人士交往，都請他傳譯，非常稱職。此次，我請他在工作之餘，協助陳校長翻譯《三民主義》，他盡了很大的力，費了很多心血，令人感動。

陳校長在翻譯過程中，時斷時續。我知道他很忙，又不便去催促，不得已時，乃請張象錡前去詢問，如有需要他協助的翻譯，他都全力承擔。經過一年多時間，全書譯稿完成，我乃籌劃如何對外發行。我不願作為宣傳品免費對外贈送，這樣得不到讀者珍惜，我想交給一家有聲望的出版商，以世界名著向泰國廣大讀者推薦，這樣才會引起學界人士的重視。

經多方打聽，知道曼谷有一家大書局，承印泰文學校教科書，業務繁忙，發行網遍佈泰國，但不輕易出版普通書籍。後來獲悉這家書局老闆是陳英智，他是我在澳洲認識的好友陳作睦的侄兒。我曾推薦陳作睦回國出任監察委員，我們兩人交誼深厚。循此關係，邀請陳英智來家餐敘，並請陳貞煜校長作陪，席間談及《三民主義》泰文版的發行，商請由他的書局出版，並由我代表處預購一百冊，陳老闆滿口答應。他說：「孫中山先生是世界上一位偉大的思想家，陳校長為泰國知名學者。孫氏的名著，經陳博士迻譯完成，允稱珠聯璧合，學壇盛事。此一名著能交由我的書局出版，實在是與有榮焉！」雙方遂於一九八四年八月二十七日議定簽約。

《三民主義》泰文版印成之後，代表處即照訂價購買一百冊，分贈泰國各學術機構及政學界人士，並送一本給中國國民黨黨部作史料保存。

我認為中華民國在臺灣實施民主政治及民生經濟，運用外資締造臺灣成為三民主義模範省，光照海峽兩岸。中國改革開放以來，走市場經濟的道路，也是運用外資，開建大陸沿海各大海港，建設全國高速鐵公路網，中國的崛起，超歐趕美，咸信弘揚國父的大同博愛思想，對世界和平當有深遠影響。

六、臺北聯合報接辦曼谷世界日報

一九七八年三月之後，泰國政府為求和緩越共對泰國邊境武力威脅，儘量拉攏中共以抗越共。中共駐泰大使館利用此一時機，不斷就曼谷世界日報的言論內容，向泰國外交部提出交涉：㈠指世界日報使用中華民國年號，係故意製造「兩個中國」之印象，破壞一九七五年七月中共與泰國建交公報中所宣佈的只承認「一個中國」的政策。㈡指世界日報之言論內容，一向反對中共，歌頌自由祖國，對泰國與中共之友好關係有嚴重不利之影響。

一九七八年六月二十日，世界日報刊出黃埔旅泰校友會慶祝五十四週年校慶消息後，中共大使館因見世界日報刊有會場上中華民國與泰國國旗並列圖片，遂向泰國政府提出嚴重抗議，誣稱「該報強拉部份泰國警官，擬組反華集團。」泰國政府為敷衍中共，乃將世界日報兼總編輯饒迪華的總編輯執照吊銷。為維獲世界日報得以繼續出版，允許更換一位新總編輯名義，重新註冊，並於週日假期加班，趕於當天辦完全部手續。泰國主管官員對世界日報如此困難的處境深表同情，認為中共對世界日報不會就此罷手，將會續施壓力，以達到它消滅世界日報的目的。

中共首任駐泰大使柴澤民一再公開指示泰華僑社，勿看世界日報，勿在世界日報刊登廣告，甚至連僑團活動的新聞稿件亦不許發給世界日報，因此對世界日報的發行及廣告業務發生嚴重影響。世界日報在此政治及經濟雙重打壓下，業務開始虧損，而且日積月累一年多過一年。

一般公司企業財務發生問題，原應向董事會謀求解決，但在當時情況下，董事們對世界日報所遭遇的困難，均不願過問。甚至有些董事認為，世界日報不是依商業常規在做生意，而是黨國在海外辦宣傳，有何困難，應由黨國支持。

有許多熱心僑胞，認為一向堅持維護自由反對共黨的世界日報，不能在中共的打壓下關門。他們奔走呼籲，要求政府予以支持，一九六七年十一月中，我政府曾支助世界日報換用柯氏新印刷機，使報紙面目一新，但對歷年虧損所累積的沈重債務，仍須世界日報自行設法解決。

我因職責所在，每次回國述職，都須向有關方面報告世界日報面臨的困難，請求多予支援。向私人要錢，固屬困難，向公家要錢，更難上加難。因為政府機關公費都受預算限制，凡未列入預算的開支，都須要經特別核准，因而有關機關，遇到要錢的事，能推則推。有一天，我到行政院面見政務委員周書楷先生，他聽完我報告之後，問：「倘若今年政府給予補助，明年是否還要繼續予以補助？」我實在無法回答說不要了。

每年政府給予的一點補助，杯水車薪，無濟於事。補助款匯到之後，還不夠還舊債，不過多日，新債又積壓得世界日報透不過氣來。所幸董事長林來榮不顧各方的壓力，不計個人的得失，報社無錢過日子，遂向他私人借支，到了一九八五年，一天，他拿出他私人在盤谷銀行的存摺給我看，表示他已無力再為世界日報墊款了。

幸好那時候，報社工作人員，在饒迪華社長苦撐領導之下，大家都能體諒報社的艱難，奮鬥不懈，堅忍工作。薪水發不出了，大家商定延期及分期發薪的辦法，有時紙行拒收報社期票，也須要大家湊錢，否則就要停刊，甚至電火費，有時也由大家墊付，才免於割線停電的難關。

在此艱困時期，饒社長不僅主持社務，他還兼任總編輯多年，日夜辛勞，不眠不休。力求報紙版面及內容不斷改善。文藝版編輯馮叔惠女士（筆名摩南）於一九七五年退休後，饒社長又出馬兼編文藝版十年。每年五月四日還舉辦文友聯誼會，泰華老、中、青文友齊聚一堂，氣氛親切熱烈，我也樂予參加，得識名作家陳先澤先生、梅影女士、李耐冬先生等多人。世界日報的經濟版，由副總編輯林命光主編，報導國際經濟新聞，消息迅速詳盡，是泰華工商界資訊的重要來源。潘法仁（筆名二伯）的短評，也膾炙人口，名噪一時。惟受大環境影響，業務始終沒有多大起色。

一九八一年，總經理李唯行離職返臺後，曾請曾雄先生代理一段時期，他力求開源節流，企圖打開報社困境。他看到工作人員日夜揮汗工作，辛苦萬分，特為辦公室裝上冷氣，給大家打氣。同年十一月十九日晚間，我請林來榮董事長與饒迪華總編輯及曾雄總經理在我家中商討如何改善世界日報問題，談至深夜，林董事長因年事已高，身體不好，不再兼任世界日報社長職務，改請潘子明先生擔任，借重他與泰國警方的良好關係，以抗外來的壓力。一九八二年十一月，商請馬化澤先生出任主管經理業務的副社長，許伯侯先生擔任總經理，大家同心協力，維持世界日報於不墜。

到了一九八五年，世界日報的營運狀況日漸萎縮，可說已經到達山窮水盡無計可施的地步。我想起鄭午樓先生於一九八二年五月訪臺回來講了一句話，他說：「臺灣百業發展，為甚麼在泰國辦一份世界日報都辦不好？」給我兩點啟示：第一、泰華僑社都視世界日報是「臺灣報」，或是「國民黨報」，因此我認為這座象徵著中華民國的自由燈塔，不能熄滅；第二、臺灣報業非常發達，何不請臺灣一家大報，來泰接辦世界日報。

一九八五年四月一日，我返國述職。四月十二日在與有關單位會商世界日報問題時，鑒於各方都不願支援世界日報，我即提議將世界日報出售給民營，會中一致認為將世界日報交由臺北中央日報接辦最為允當。一九八五年八月十一日，我再回國得知中央日報決定派副總編輯趙廷俊到曼谷進行調查世界日報營運狀況。八月十五日，我邀請他和僑務委員會主管海外文教處長許以豐兄午餐，席間說明以中央日報現有的人力財力去接辦曼谷世界日報，輕而易舉，曼谷世界日報如能成為中央日報的一環，將可擴大中央日報對東南亞的影響力，盼望他此行能促成此事。結果中央日報不願接辦這個燙手山芋。

因而國內有關單位轉而商請聯合報前去接辦。董事長王惕吾先生鑒於是中央黨部提出的請求，不便推辭，遂派經理簡武雄先生前來進行調查。簡總經理是週末飛抵曼谷，他來看我，我請他先休息兩天，到週一上班，再去世界日報查詢。後來我才知道，他當夜就去世界日報察看報紙編排印刷作業情況，等到午夜之後，他們又去街頭察看發報送報的實際情形，兩三天下來，他不但把世界日報營運狀況查得一清二楚，而且把泰國華文報的整個銷售市場調查清楚，全部銷售額約六萬份。他這樣夜以繼日的辦事精神，令我欽佩。

一九八五年十一月二十五日，我三度回國，就聯合報接辦世界日報問題，分別拜會有關單位，獲得各方贊同。三十日，王惕吾董事長邀我午宴，席間我對聯合報人員努力不懈奮戰拚鬥的企業精神，表示讚佩。我說：「董事長，你祇要派像簡武雄這樣努力的人去接辦世界日報，就會成功。」王董事長聽了，甚為高興。同席有聯合報副董事長劉昌平兄及經濟日報社長劉國瑞兄，他們兩人都是我的好友，請他們從旁打打邊鼓，早日促成此事。

十二月二日下午四時，由中央黨部秘書長馬樹禮先生出面，邀請王惕吾董事長商談接辦世界日報問題，有關單位首長均參加，我隨外交部次長丁懋時出席，大家一致請求王董事長為黨國盡力，把世界日報接辦下去。在此眾望所歸的情況下，王董事長表示義不容辭，願意接辦，惟對世界日報歷年所積欠的泰幣六百萬銖債務不能負責。經研商決定，由政府貸款美金三十萬元，以當時匯價一比二十六泰幣計算，約合泰幣七百八十萬銖，用來清還舊債，尚餘一百八十萬銖，可用來作為資遣部份員工費用。王董事長當場表示，他將自籌泰幣一千萬銖，用來接辦世界日報。

會後，王董事長約我至聯合報社商談接辦人手問題，王董事長說：「聯合報派人沒有問題，但去泰之後，如何解決居留問題。」我沉思良久，認為祇有借用我駐泰辦事處的名額，始可長期在泰居留。王董事長當即拿起電話，和丁次長商量。丁次長知道後，不敢擅自作主，隨即令我回部，詢問是怎麼一回事。在座王必成兄，看我著急，他自告奮勇，開車送我去外交部，見到丁次長，我以為會受責備。他說：「朱部長已經同意了，認為要聯合報去接辦世界日報，自然需要派人去泰國接辦，不借名額，他如何派人去。」最後決定用文化工作會的名義，派人去泰從事文化工作。

一切商定之後，由林董事長代表世界日報，與聯合報副董事長王必立簽約，將世界日報無條件委託聯合報接辦經營，並商定於一九八六年一月三十一日為交接日期。

王惕吾董事長經過短時間籌商，決定在世界日報原有的基礎上，予以改革。人事方面，仍請林來榮先生擔任董事長，王必立任副董事長，饒迪華先生出任社長兼總主筆，派聯合報總編輯趙玉明任副社長兼總編輯。王董事長此一人事安排，非常

沈代表（左五）設宴歡迎聯合報創辦人王惕吾（左六）與曼谷華文報負責人餐敘，同席有世界日報先後任社長饒迪華（左一），潘子明（右一），趙玉明（右三），新中原報社長吳金城（左二），中華日報社長陳純（左四）

明智。報社編輯採訪人員多數留用，惟有排字員工，因報紙已決定改採打字排印，此部份員工只得全部裁掉。對於被裁的員工，凡任職未滿一年者，補助一個月薪，任職未滿三年者，補助三個月薪，任職三年以上者，補助六個月薪，因而也未引起被裁員工的不滿，順利完成交接。

一九八六年二月八日是中國新年除夕，世界日報宣告：自初一起停刊準備全面增張改版，經十天試版，一切安排妥當，乃於二月十八日復刊，增出七大張，內容充實，版面悅目，新聞快捷，一新形象。昔日被視為黨辦的報紙，很快獲得廣大讀者的喜愛與好評。發行才三個月，世界日報銷售的報數已增加到一萬五千份，廣告收入增至每月一百萬銖。以後陸續增加，最高達到每月六、七百萬銖。

泰國世界日報在聯合報系龐大的文化事業撐持之下，一露面就顯得氣勢不凡，震撼了泰國其他華文報。星暹日報社長李益森對我說：「今後泰華社會恐怕祇會留存星暹和世界兩日報了。」

一九八六年三月二十七日，我返國參加使節會議。四月四日下午三時，我到聯合報社拜會王惕老，向他祝賀聯合報接辦世界日報的成功。惕老說：「我到海外去辦報，是要發揚中華文化，服務僑胞。不獨要辦好泰國世界日報，更要影響泰華各友報，共同向新聞正途發展，共創榮景。」

（參考饒迪華著：〈世界日報創刊三十五年來的苦辣酸甜〉一文，載於世界日報創刊三十五週年特刊。）

七、解救泰北孤軍

我為了瞭解泰北孤軍難胞實際情況，曾分別與第三軍軍長段希文及第五軍軍長李文煥秘密會晤。他們告訴我：一九六一年，孤軍第二次撤臺時，他們不是不聽從命令回國，而是經由秘密管道，奉令留下，以備他日反攻大陸之用。當時兩軍各有千餘人，經過連年協助泰軍征剿泰共，傷亡數百人，現有兵力約五百人，僅靠泰方為數甚微之補給，實不足以維持生存。孤軍困處山中，平昔種植玉米雜糧，亦不夠維生。李文煥將軍的大小姐李健圓在清邁家中開設小型玉石工廠，有時賺點錢，尚可稍有補助。段希文將軍僅靠私人向親友借貸，來維持官兵生活，最後借貸無門，他把自己在曼谷一棟私宅賣掉，也不夠養兵，他實在已經無力再撐下去。我對他們的處境，非常同情，可是我感到自己人微言輕，非借用大力，不能解救他們的困難。

㈠國府伸出援手

我想到行政院退除役官兵輔導委員會，對於流落海外孤軍的生活，應該出點力，救助他們。由於輔導會奉命協助泰王山地計劃，趙聚鈺主任委員常來泰北視察業務，他對中泰合作發展泰北山地農業的成功，甚感滿意，對於我在泰國的工作績效，也表稱許。有一次他向我說：「經國總統很信任他，問我有何事？他可以幫忙。」我說希望他對於流落在泰北的孤軍能伸出援手，予以救助。趙主任委員當表首肯。以後每當他來泰北視察業務時，我都安排段希文和李文煥兩位將軍與趙晤談，以便段、李向趙報告孤軍的現實狀況。有一次，經我安排，趙主任委員一行人員，於視察安康農場後之次日，準備搭乘皇家直昇機，飛往美斯樂基地，去看段希文的部隊。清晨七時，我們乘車到達清邁機場，直昇機正在升火待發。大家看到四周山頭濃霧迷漫，隨從人員為了趙主任委員的旅途安全，建議取消此行。雖然我已先行通知了段希文，在美斯樂等候，但我也不敢勉強他，遂臨時取消此行。

一九八〇年二月二十六日，我偕趙聚鈺主任委員一行，隨同泰王視察安康農場。二十七日清晨經事先安排，由泰軍零四指揮官巴塞上校（Col Prasart Noisetr）與段希文將軍陪同，乘泰軍提供的直昇機，先至零四指揮部，聽取簡報，繼飛往清萊美斯樂，約四十分鐘抵達。下機後，見到孤軍與學生排列路旁，鼓掌歡迎我們。孤軍穿著破舊軍服，面黃肌瘦，學生衣衫襤褸，赤腳光頭。趙主委在這萬山環抱的荒野，看到這群流落在異域的孤軍弟兄們，非常激動。他在講話時說：「大家在海外辛苦了！我今天代表政府來看望大家，慰問大家的辛勞。你們在海外，忠貞愛國，數十年如一日，我非常敬佩。你們生活艱苦情形，段希文將軍已和我講過，今天我看到大家，更加瞭解。我回國之後，一定請求政府來幫助你們。你們的子弟在這山區裡唸書，無法升學。我今天可以告訴你們，今後輔導會每年提供五十名獎學金，供給你們子弟免費回國升學。」難胞聽到立即響起一片掌聲。段將軍堅持要我講幾句話。我藉此機會，介紹同來的泰軍零四指揮官巴塞上校，輔導會農業處劉慶生處長，榮工處嚴孝章處長、福壽山農場宋慶雲場長等人，與孤軍弟兄們見面。午間，段將軍宰了一頭牛，招待我們與高級人員會餐，席間我們會見到參謀長雷雨田及華興學校校長熊定欽等人，談到他們初來到這原始森林裡，開荒耕種謀生的艱辛，令人聞之心酸。此行使趙主任委員深受感動，表示願盡力救助他們。我心裡多年的盼望，乃終獲實現。

趙主任委員回國之後，面報蔣經國總統。總統對孤軍流落在泰緬邊區的經過，甚為瞭解。他明確的指示說：「輔導會不能出面去救助他們，以免給人口實，說政府又來補給他們，招致國際爭議，今天應把他們視為從大陸逃出的難民，救助工作，可交由大陸災胞救濟總會去做。」

同年五月七日，我在家晚宴段希文將軍。席間，我把這一好消息，告訴了他，他甚為欣喜，但遠水救不了近火，他面臨的問題，是弟兄們沒有飯吃，是燃眉之急。他自己已到水盡山窮的地步，不知道政府的救助，何日能夠到來。他這一急，竟引起心臟病發，於六月十八日逝世。

段希文的父親，是國府監察委員段克昌。家學淵源，他從雲南講武堂畢業，曾任國軍五十八軍一二六師師長，兼任漢口警備司令，捍衛華中重鎮，是一位踐履篤實的儒將。他率領第五軍戍守泰緬邊區，屢建戰功。我聽到他逝世的消息，感到非常的難過與哀痛。

一九八一年二月十二日，救總理事長谷正綱先生赴歐洲出席世界反共聯盟會議，途經曼谷。晚間，我送他上飛機，我們坐在華航貴賓室裡，我向他簡報泰北難胞生活艱苦情況。我說：「泰北難胞大多數是從雲南逃難出來的，都是你的雲貴子弟，你是他們的家長，盼望你能伸出援手，救助他們。」谷理事長聽了我這番話，甚為動容。他說：救總理監事會已於上年十一月八日通過「改善泰北難胞生活及發展難民子弟教育計畫」，正在準備付諸實施。他回國之後，復在中央常會，提出對泰北地區難胞就地輔導救助計畫，請求政府撥專款救濟。由於谷先生的聲望，常會無異議通過，交政府各有關部會籌措經費，由大陸救災總會負責執行。

㈡泰方提出請求

在泰國堅塞總理執政期間，我與他交往頻繁。從他平常言談中，我深深體會到，他對泰北孤軍的愛護，無微不至，說他把孤軍視為子弟兵，也不算過份，因而常常引起左派人士的惡意攻擊。他不願我官方人員公開與泰北孤軍接觸，其意即在避免國內外的非議，以免增加孤軍處境的困難。

一九八〇年二月廿九日，堅塞總理宣佈內閣總辭。三月三日，由國防部長兼陸軍總司令的秉上將（Prem Tinsulanonda）繼任總理。當年九月柿育上將（Saiyud Kardphol）出任最高統帥部參謀長，次年升任最高統帥，他是一位學養深厚才華卓越的軍事家，對剿共戰略戰術有研究，平日愛好高爾夫球運動，且是其中高手，我和他球敘時，他當指導我打球技術，並贈送他自己撰寫的「高爾夫球練習法」一書，讓我參考。

當時，越共派大軍支援赤柬，攻佔高棉，兵臨泰國邊境，不斷與泰軍發生軍事衝突，而泰共與苗共又在泰國北部及中部山區從事武裝顛覆活動。泰南馬共與回民正在積極進行分離運動，泰國面臨的情勢，岌岌可危。我深為泰國當前處境擔心。有一次我詢問柿育上將，泰國如何對抗當前共黨的威脅。這一問題，引起他的興趣，他便和我大談泰國抗共的戰略戰術，我對他說：「我政府反共數十年，對於剿共很有經驗，我們願意提供此項經驗，倘泰國同意，我國可以選派反共專家，前來協助泰國。」柿育上將當即拒絕說：「你們的反共，是失敗的經驗；我們現在進行的反共策略，將來一定可以成功。」

柿育上將繼續談到泰軍圍剿泰共的策略。他說：「泰軍在泰共盤據的山區四周，設立自衛村，村民平時從事農業生產，遇到泰共進擾時，他們可以起而自衛，防堵泰共活動，此項措施推行以來，效果很好」。我乘機說：「據我所知，泰軍已將泰北十三個中國難民村，列為自衛村，他們自衛的能力很強，但是生活條件極差，我國願意幫助他們發展農業，改善他們的生活，不知泰方有何意見？」柿育上將甚表贊同。我遂建議，由泰方邀請我國高級官員前來訪問，雙方當面商談此項問題。

一九八二年五月二十日，我國參謀總長宋長志上將夫婦應邀抵泰訪問。次日上午十時三十分，我陪同宋總長赴泰國最高統帥部拜會柿育上將。由柿育上將向宋總長簡報當前泰國所面臨軍事情勢以及泰共活動情形。晚間，柿育上將設盛宴歡迎宋總長一行，泰方高級將領作陪，賓主盡歡。廿二日清晨，柿育上將親自陪同宋總長搭機赴清邁，下午一時，安排我們在一起打球。柿育球高一著，我們都不是他的對手，晚間同席飲宴時，他暢談球經，順便提出要求我國支援泰北剿共問題。他說：「泰國剿共最大的困難，就是泰北山區交通困阻，兵員

參謀總長宋長志伉儷（右三、四）訪泰與沈代表夫婦（右一、二）合影

運輸及補給，極為困難。他舉帕當為例。帕當是泰寮邊境的軍事要地，位於海拔一千六百餘公尺的崇山峻嶺間，地形突兀，道路險阻，旱季尚可由人員騾馬揹負糧米彈藥上山。雨季道路隔絕，村民斷米缺糧，泰軍派直昇機空投補給，有時遇到山上驟雨濃霧，會誤投到泰共地區。現在泰軍計劃要修建一條戰略公路，從山下直達山頂，此路修成，帕當自衛村的補給，就不會再有問題。」二十四日，我們同機回到曼谷。二十五日，我陪同宋總長訪問泰國安全指揮部，聽取有關泰國安全的詳細簡報，繼拜會副總理森上將（Gen. Serm Na Nakhon）。森上將曾任泰國最高統帥，兩人亦曾談及泰國安全問題。二十七日清晨八時，由我與柿育上將陪同宋總長拜會秉總理，秉總理向宋總長提出中泰合作剿共問題。宋總長返國後，向政府報告，建議我國支援泰北剿共工作，經層峯核可，原則同意。

一九八二年七月二日上午八時，外交部次長錢復夫婦由歐洲返國經泰，當天下午一時三十分，我陪他去拜會泰國最高統帥柿育上將，次日清晨八時三十分，拜會總理秉上將，他們兩人都與錢次長談及中泰合作剿共問題，並要求我國選派專家，支援泰北難民村發展農業。錢次長返國後，邀集各部會會商，決定我方支援泰方興建通達帕當難民村的公路經費，並選派專家前往泰北從事救援工作。

我把我方為了配合泰方自衛村計畫，決定派團前來輔助泰北十三個中國難民自衛村的農業發展，支援泰方在泰北山區修築戰略公路的構想，告訴了柿育上將，並先贈送開山機兩部，當時約定於九月十八日，在清邁軍營舉行贈車典禮。當天清晨七時，我搭泰航班機飛往清邁。十時趕到軍營，由最高統帥柿育上將親自接收，參加典禮的有泰軍官兵及我國難胞代表李黎明、李建圓等多人。柿育上將在講話時，除對我政府支援泰國自衛村表示謝意外，並告誡泰軍官兵說：「這些站在你們面前的中國難民，就是因為他們政府不能團結一致抵禦

沈代表（右）向泰國最高統帥柿育上將（左）贈送兩部開山機，修建泰北難民村道路

共黨，以致今日流落異域，希望泰國軍民不要再重蹈他們的前轍」。我聽了之後，羞愧得無地自容，乃對難胞代表說：「今天你們已經淪落為難民了，不要再分三軍五軍，相互鬧意氣。應該彼此愛護，同心合力共謀改善生活。」

㈢中泰合作修路

一九八二年九月二十四日，我往晤柿育上將，轉達我政府願意配合泰國最高統帥部所提泰北自衛村輔導計畫，選派一個工作團，前往泰軍管轄的泰北十三個難民村，輔導難民發展農業，改善他們的生活。並願意提供修建帕當公路的經費，請泰方告知修建計劃及所需費用。柿育得悉，甚表欣慰，並致謝意。惟因通往帕當山路險阻，苗共時常出沒，泰方無人願意冒險前往測量，以致修路計畫遲遲未能提出。

十月一日，我在家歡宴亞洲理工學院中國同學數十人，他們都是國內各大公私機構選送來泰國進修的年輕優秀的工程人員。飯後，我講述中國難胞在泰北山區生活困苦的情況，引起他們的興趣，紛紛表示願意前往探訪。我建議他們利用今年寒假，組織一個考察隊，由學水利及土木工程的同學，自動報名參加，前往帕當難民村，協助泰軍測量從山腳到帕當山頂的公路，並為難胞開建水源，解決他們的飲水問題。寒假來臨，亞洲理工學院大多數中國同學，都飛返臺灣省親，留下十位熱心同學參加測量隊，經事先安排，請泰軍保護，難胞帶路。他們在十一月四日飛往清萊，五日搭車到昌堪縣，六日開始從山腳步行爬上帕當難民村，全程十五公里，沿途測量，繪成公路藍圖，預估約需泰幣一千四百萬銖。當時泰幣兌換美金是二十五比一，需美金五十五萬元，經呈報外交部，泰令核准。我轉知泰方，準備開工。

一九八三年九月十六日上午八時三十分，帕當公路舉行開工典禮，最高統帥柿育上將親往主持，邀我參加。我倆同乘直昇機，飛抵工地。儀式完畢，我倆同乘工程車，走了一段已經修好的路面，前面尚未修築的陡險山路，柿育上將限令於明年雨季來臨前，全線修竣通車。當時我感到非常愉快，我已為中泰合作救援難胞打通了道路。

回程，直昇機在美斯樂難民村大操場上降落，雷雨田將軍率領孤軍高級人員站在路旁迎接。他們看到我與柿育上將並肩下機，感到驚訝。因為這是我正式以中華民國代表的身份，應泰國統帥的邀請，前來慰問他們。雷雨田陪同我們參觀沿路邊展出的農業成果，我看到有核桃，這是泰國平地不能生產的溫帶水果，我

輔導會主任委員鄭為元將軍（右三），沈代表（右二），宋慶雲場長（右一）與泰北帕當難胞子女合影

鼓勵他們多種核桃樹。午餐時，我曾向他們說明，我國將派農業專家，前來教導村民種植溫帶果樹。餐後，我們飛往清邁一個軍營降落，柿育上將主持授田典禮。他將土地權狀，頒授給在場的難胞，我看到難胞從柿育上將手中接到一張張土地權狀的喜悅表情，非常感動。我對李文煥將軍的大小姐健圓說：「泰國政府對我們難胞太好了，他們將泰國的土地，分配給我們難胞耕種，你們就是在自己的國家，也得不到如此好的照顧。盼望你們能居住在這塊樂土上，奉公守法，安居樂業。」

一九八四年二月十九日，輔導會新任主任委員鄭為元上將，應泰國皇家邀請，蒞泰視察該會支援泰王山地計畫。二十一日，我們同機飛往清邁，晚間應泰王歡宴。次日清晨，拜會二五指揮部，由指揮官陪同，搭直昇機飛抵帕當，孤軍弟兄列隊歡迎。鄭上將巡視泰寮交界前線，看到站在山嶺上中華健兒持槍荷彈為泰國戍守疆土，與他們親切握手慰問。孤軍官兵第一次看到國軍高級將領親來慰問他們，心中感到無限的溫暖與興奮。

㈣救總派員訪問難民村

我履任六年多來，用盡心思，經過多次折衝，終於說服泰方，同意我國選派農業技術人員，前往泰北難民村，協助他們發展農業，改善他們的生活。我國政府為了配合泰方此項請求，經有關部會會商決定，由大陸災胞救濟總會出面救助，所需經費，由相關部會支付。泰北難胞與政府斷絕了二十年的連繫，總算有了轉機。

救總為了瞭解泰北難胞實際情況，指派該會顧問甯鴻賓、海外組長湯振熹，科長蔡亢生，偕同僑務委員會副處長溫堯珍及中央社記者邱勝安一行五人，前往泰北各難民村考察。他們於一九八一年九月廿五日飛抵曼谷，當晚，我在家中設宴歡迎，飯後向他們說明目前中泰關係及泰北難胞處境與生活的困難。為了協助他們順利完成考察任務，我請本處顧問曾翼璋及支援泰王山地計畫的兩位農業專家林清油和莫國中，陪同他們前往。

他們從九月二十七日開始，先飛往清萊，到滿堂、美斯樂、滿星疊、老象塘、孟安、治平、芒岡、永泰、中興、回鵬、聯華等難民村，與各村負責人及學校校長談話，探詢他們生活所面臨的各種問題。十月四日，他們轉到清邁，訪問了熱水塘、黃果園、景乃、唐窩、馬康山、萬養、大谷地、密豐頌省的開弄，丙弄、密窩及達省的美索等難民村。他們花了將近一個月的時間，深入泰北山區，對難胞生活的苦難情況及實際的需要，有了透澈的認識。

十月二十日，救總考察難民村人員返回曼谷，次日我邀請他們與本處業務有關同仁開會，聽取他們視察泰北各難民村情況，並研討今後如何開展救助難胞工作。會中獲得初步共識，有以下幾點：(1)協助美斯樂、帕當、大谷地、馬康山等難民村，建立示範果園；(2)協助永泰等難民村，建立示範養豬場；(3)輔導各難民村，試辦農村會作社；(4)在人數眾多的難民村，設立醫務所，提供免費醫療服務；(5)在美斯樂及熱水塘難民村，成立手工藝訓練班，教導難胞謀生的技能；(6)補助各難民子弟學校經費，用來改善校舍及設備；(7)選派農業專家，協助難胞增加農業生產。在救總農業專家未到之前，商請現在泰王山地計畫工作的三位農業專家林清油、莫國中和于洞路，利用空檔時間，輪流巡迴各難民村，教導難胞栽種蔬菜果樹；(8)在清邁、清萊兩地區，分別成立難民聯絡辦事處，負責區內各難民村與學校的聯繫，並協助辦理各項救助工作。清萊地區聯絡人，商請雷雨田將軍同意，由陳茂修擔任；清邁地區聯絡人，商請李文煥將軍指定楊欣然擔任。由於他們的熱心努力，對難胞的救助工作，發揮了很大的功效。

(五)初期救助工作

救總對於泰北難胞的救助，根據實地考察結果，作了通盤檢討。本諸扶助他們就地謀求自立更生的原則，按照他們的實際需要，分別緩急，選擇重點，擬訂近、中、遠程救助計畫，循序先後實施。

為了進行救助工作，救總於一九八二年十月，組織泰北難民工作團，由湯振熹組長兼任團長，並向軍方借調龔承業上校擔任執行秘書，分為農牧、教育、醫護及手工藝四個小組，前往難民村服務。十一月十九日，工作團團長湯振熹、執行秘書龔承業及專家一行九人飛抵曼谷。次日上午在本處舉行工作會報。湯團長首先報告救助泰北難胞近程計畫內容。他說：「(1)公費接運泰北難胞子弟回國升學，自一九七九年開始有五十六人，一九八〇年有九十四人，一九八一年有一百三十二人，經協調教育部先分發師範、農業、醫護及商工等五年制專科學校或高級職業學校就讀，學成後回難民村服務。(2)籌措教育補助經費新臺幣六百六十萬元，分配給三十四所難民子弟學校，修建校舍及添置桌椅之用。(3)設置清寒學生助學金八百名，每名每月二百銖，協助貧苦難胞子女就學。(4)供應四萬株果苗，分配給各難民村栽種。

商請陳惠藏專家來泰服務，教導難胞種茶。(5)工作團農業小組有林武玄、林廣煌二人，一位是果樹專家，一位是一般農作物專家；教育小組有林景春及羅翼二人，分別指導國中及國小教學；醫療小組有醫師黃寶凱、陳天龍及護理長鄭雲。手工藝組有吳麗琴，輔導技藝。全團先集中駐在美斯樂，輪流巡迴各難民村推展工作。」

我在會中提出幾項應該特別注意的事項：「(1)救總派工作團前來救助泰北難胞，這是我多年的願望，今天得以實現，衷心感到歡喜，並表示熱烈歡迎。(2)泰北山區是一個艱苦地區，泰北難民村又是一個複雜的環境，工作團前往服務，盼能本諸愛護難胞的熱心，做份內的救助工作，幫助他們改善生活；要入境隨俗，不要觸犯當地法令，捲入糾紛，引起麻煩。(3)我們這次能以組團前往泰北難民村工作，是應泰方要求而來，我們應配合泰國自衛村計畫，儘量與管轄難民村的泰軍二二五指揮部合作，協助難胞發展農業，就地生產，改善他們的生活。(4)在推行救助工作時，應尊重三、五兩軍領導人的意見，及各村村長的領導權，凡事應與他們協調溝通；得到共識後，才能去做，工作始能順利。」

工作團於二十一日抵達清萊美斯樂難民村，醫療組立即開辦免費醫療服務。第一天，難胞前來看病的，有一百五十多人，多數患的是營養不良、腸胃病、肺病、瘧疾、貧血、寄生蟲等病，使得黃寶凱醫師與鄭雲護理長兩人忙得應接不暇。後來為了擴大醫療服務的需求，就地遴選資質優異的青年難胞，在晚間開班訓練檢驗及護理課程，培植醫護幹部，巡迴各個難民村，為難胞治療疾病，甚受歡迎。

手工藝組於十一月間，在美斯樂難民村先後舉辦傷殘難胞及婦女手工藝訓練班，教授皮雕及編織技術。繼又開辦縫紉及車繡訓練，村中婦女踴躍參加，增進家庭副業。一九八三年六月中，工作團移駐清邁地區熱水塘新村，繼續開辦縫紉及皮雕手工藝訓練班，增加難胞謀生技能。

一九八三年五月七日，宋慶雲場長偕同種茶專家陳惠藏抵泰。十日清晨，我與他們同行，飛抵清邁。這時救總工作團兼任團長湯振熹因工作繁忙，已辭去團長之職，改由執行秘書龔承業接任。我們會同龔團長乘專車轉往清萊，當晚抵達美斯樂。次晨，雷雨田將軍陪同我們參觀新近設立的香菇培育場，在一段一段的木頭上，生長出黑色香菇，收集起來出售，有很好的經濟效益。這時雷將軍對農業生產已發生興趣，講述香菇培育方法，要求設立一座菇菌場，大量培植香菇。接著我們去看示範農場，栽種的果樹，已有三千多株，在專家們細心指導下，桃李杏梅，各種果樹，都生長良好，並傳授難胞培育果樹及施肥的技術。陳惠藏專家攜來臺灣優良的茶種，計劃在美斯樂山坡地，大量分配給難胞栽種。同時計劃在美斯樂設立小型製茶工廠，救總提供所需的製茶機器及技術人員。後來美斯樂生產的茶葉，非常有名，行銷泰國，對難胞生活的改善，有很大的幫助。

十二日，我們一行人員，又轉往清邁安康農場。中午，途經馬康山，見到全村桃李花開紅白繽紛，呈現一片新景象。村長王志明，陪同我們參觀示範果園，見已粗具規模。他說：「全村難胞現在都已種植果樹，桃李售價很好，一斤可賣二、三十銖，山下前來遊玩的旅

N
泰北難民村分布地形示意圖
緬
甸
寮國
清萊省
密豐頌省
清邁省
帕腰省
難省
泰
國
南奔省
南邦省
帕省
程逸省
素可泰省
達省
彭世洛省
北碧省
披集省
柬
埔
寨

客，爭著搶購，有的難胞，一年可以賺到數萬銖，生活已有顯著改善。惟因種樹過多，水源不夠，且因缺乏肥料，所結果實不夠碩大。」龔承業承允：救總將設法改善水源，並分給難胞肥料，同時在示範果園內，大量培育果苗，分送給難胞栽種。王村長盛情，堅留我們在他家中午餐，吃的是豐盛的雲南菜，看到他家的房舍，已改為磚墻瓦頂，家中桌椅陳設，煥然一新，家人都面帶笑容，不像我當初所見那種愁眉苦臉的樣子。

㈥落地生根

我國為配合泰國政府的需求，由救總對泰北難胞實施各項救助計畫，派工作團長期住在各難民村積極推行。十多年來，泰北大多數難胞的衣食住行教育醫療等等問題，大致獲得解決。村村有道路，家家有水電，每戶人家農耕生產收入，已能自給自足過溫飽的生活。對於殘障、年邁、鰥寡、孤獨、生產能力羸弱的難胞，經全面調查，共有五百五十貧戶，救總每月發放每戶三十公斤食米。對於多年住在殘破茅屋內的三千貧戶，自身無能力翻修，救總發動各界善心人士捐款贊助，每戶提供泰幣五萬五千銖，將其茅屋改建為磚瓦房，圖樣一律是兩房一廳，紅瓦磚墻，排列在翠綠的林蔭中，紅綠相映，充滿生趣。在整個泰北各村中，共建磚瓦戶三千戶。我曾走訪這些貧戶與他們晤談，他們無不同聲感戴祖國的恩情。過去我曾夢想：「安得廣厦千萬間，蔽護泰北難胞盡歡顏。」而今竟獲實現，我內心的歡喜，不言可喻。

對於在異域奮戰一生的孤軍官兵，經僑務委員會委員長章孝嚴向政府力爭，依照「戰士

沈代表訪問泰北永樂村，與山胞及學童合影

授田憑證」補償金發放的規定，發給流落在泰緬邊區的老兵們及其遺屬補償金，全部金額約達新臺幣兩億元。他們獲得這筆補償金，不但改善了生活，更可告慰他們一生為國的忠心。

救總對泰北難胞的救助工作，至一九九四年十二月底，功德圓滿完成。經事先安排，商請「慈濟功德基金會」以民間社會力量接替，繼續實施「濟貧」、「教育」、「醫療」等項濟助工作，並請救總仍派龔承業團長留在泰北，配合慈濟，辦理各項未完的救助事項。

泰北難胞，都是有家歸不得的中華兒女。他們為了逃難，輾轉來到泰國。到了外邦，祇好聽人擺佈。初到的時候，泰國政府想把他們趕走，後來有所顧忌，恐怕發生衝突，傷亡太大，遂把他們收編為傭兵。這是唯一的生路，他們拚命為泰國戍守邊疆，用血汗換取泰國政府的同情。

一九七〇年，泰國政府決定對這批中國難民實施泰化政策。凡是參加泰國自衛隊的官兵，一律發給居留證，讓他們在泰國有永久居留權，退伍之後，還分配土地給他們耕種，但禁止他們的子弟學習中文，必須學會泰文，始能入籍為泰國人，老一代的難胞中，縱然有人內心不願意，但流落到此，也祇有入境隨俗了。

大陸開放之後，許多泰北難胞，還鄉掃墓祭祖，看到雲南家鄉親友們生活的艱苦，遠不如住在泰北山區的難民，雖然骨肉親友，堅留他們，最後他們還是含淚離開，與家鄉告別。一九九七年，我重遊美斯樂，雷雨田將軍告訴我：「我現在已是泰國人了，不再為生活而求人了！」說完一陣笑聲。又說：他曾應邀返回雲南，受到中共黨政幹部們的熱烈歡迎。他在筵席上，大談發展美斯樂的經驗，講述種植果樹、茶葉、香菇的技術。共幹們請他留下，指導雲南扶貧計畫。他捨不得離開一生經營的美斯樂，回泰之後，他在山上選擇一個風水優美的地方，預築作為他的墓地，把根留在這裡。我對他說：「我們泰北難胞，要落地生根，根札得愈深，將來枝葉才會愈繁茂。」

拾參、行政院組長

一、調行政院工作

民國七十八年三月十七日，接到外交部調部的公文，我並不感到意外，因為我任駐泰代表已有十五年之久，依照外交部慣例，一任三年，我已有連任五次，實在太久了。六十四年中泰斷交後，我抵泰履任之初，官方門路不通，僑領避不見面，經過十幾年努力，殫精竭智，泰國官方門路都打通了，外交事務順暢了，但人事煩雜交往，苦惱更加多了。尤其是在七十六年之後，臺灣經濟發展快速，勞工短缺，工資高漲，傳統工業紛紛移來泰國投資，我要協助他們向泰國官方接洽說項。同時泰國勞工湧向臺灣謀生，紛紛來我處申請簽證，而政府明令規定不許發給任何泰勞簽證，泰方有時動用泰國高級官員代為向我陳情，我身處兩難，深感困擾。現今調我回部，我有如釋重負之感。

七十八年五月四日，北京天安門爆發共軍槍殺示威學生事件，震驚世界，引起全球譴責。泰國學生及僑社紛起反對。記得一九七五年我初抵泰國履新時，共產氣焰高漲，朝野左傾，而今看到時移勢遷，又轉向右傾，我身臨其境，感受最深。

我在泰國工作前後二十年，與泰國朝野相處良好，感情深厚，而今我要臨去，內心真的有些不捨。中泰友人知道我要調回國，紛紛為我餞行，真情流露，肯定我在泰國的付出，值得欣慰。

五月二十八日，行政院院長俞國華在卸任之前，任命我為行政院第二組組長，主要負責外交部、僑務委員會及新聞局等單位報院的法案及施政計劃的整理及審查工作，並兼任行政院港澳小組的執行秘書。我接到新命之後，於六月二十六日，整裝回國。離開曼谷之前，許多僑領至機場獻花送行，深情厚意，臨行依依。

六月二十七日，到外交部報到，分別晉見金樹基、程建人兩位次長及連戰部長，報告我在泰工作，並為連部長訪泰行程預作安排。經外交部分派住家在臺北杭州南路官舍，生活安頓之後，我於七月一日到行政院報到，晉見李煥院長。李院長在籌設高雄中山大學之前，曾赴泰考察，我曾陪同他訪問亞洲理工學院及泰國各個大學，李院長為人謙和，對我來院工作，表示歡迎。

我到行政院上班，辦理例行公事，感到肩上沒有負擔，工作輕鬆多了。每週四上午列席內閣會議，首先聽取一週輿情報告，繼討論各部會間的重大工作問題，涉及到我主管的問題不多。有時參加副首長會議，討論各部會向立法院提出的法律草案，可以各抒己見。每年行政院年度施政方針，由副秘書長召開各組組長研擬定稿後，向立法院提出。行政院同事都是老手，不需我多操勞，就可順利完成。

離開國內十五年之久，回國之初，感到國內政治氣氛丕變。自從政府解除戒嚴，開放媒體，老兵可以返鄉探親，到處瀰漫著自由開放的風氣。尤其是在立法院，表現最為顯著。我曾在立法院工作多年，熟悉立法院的議事規範，可是現在完全不同了。九月間立法院開議，我隨同院長列席，備供院長隨時查詢資料，看到民進黨在立法院氣焰高漲，質詢時不尊重各部會首長，嚴詞指責，令人難以忍受。我深感公務員難為，想到陶淵明不為五斗米折腰，不如早日離職退休。

七十九年一月二十三日，外交部召開對外工作會議，由程建人次長主持，商討江南在舊金山住宅被殺應否訴訟問題，參加人員中有政大教授蔡英文，從外貌看去像個小女生，聽說她是英國牛津大學法學博士，在會中她很少發言。程建人次長首先說明案情；江南之妻崔蓉芝在美國控告政府人員殺害其夫請求賠償，我政府是否聘請律師出庭應訟，或是與江南之妻和解，會中有人主張應循法律途徑解決。我力主和解，因江南被殺，已在中美間引起重大風波，中外輿論譴責我政府派員殺害自己國民，此案在美開庭公審一次，國家聲譽受傷一次，應早日與崔女和解，賠償了事。最後政府賠償一百五十萬美金，此案始獲和解。

七十九年初，國內政治瀰漫著自由開放風氣，行政院多次開會，研商放寬我與蘇聯民間交往限制案，及放寬港澳地區來臺申請入境案，均獲順利通過。經濟部呈文報請放寬對蘇聯貿易案，經我審核後，認為這是一項重大政策，應送秘書室呈院長決定，結果公文連秘書長

郝柏村院長（中）沈克勤組長（右）

都未過目，即由秘書簽字核可，認為這是例行公文，無需往上送呈核，真是科員政治！

這時國內政局很不穩定，本土集團抬頭，李登輝總統於七十九年四月二日任命參謀總長郝柏村出任行政院長，引起群眾遊行示威，反對軍人從政，郝院長被迫辭去上將終身軍職，風浪始告平息。郝院長曾兩度訪泰，我曾接待過他，郝院長於五月一日就職之後，我晉見他，他告訴我，他曾力挽熟悉政情的王昭明留任政院秘書長，因為王昭明曾任財經次長多年，對財經業務熟練，將可輔助他在財經方面的不足。郝院長上任之初，以出將入相之姿，信心滿滿，望能大有作為。六月十六日立法院開議，郝院長率全體閣員出席作施政報告，行政院各組組長隨同列席，從旁提供資料。這時立法委員質詢風氣丕變，不獨不尊重閣員身份地位，而且想盡怪招與言詞，羞辱政府首長，我在旁觀察，覺得偏激委員，假民主自由之名，破壞真正的民主自由體制。有骨氣之士，忍受不了這種無理責罵，但當我退休時，向郝院長告別時，我仍勸他為國堅守下去。六月二十七日，行政院王昭明秘書長與胡開誠副秘書長召集各組組長開會，擬訂八十一年度施政方針，對於僑務委員會提出在僑胞眾多城市設立文教中心，我大力支持。因為在美加大城，華僑眾多，設立文教中心，作為僑胞聚會之所，有其需要。新聞局擬在紐約洛克菲勒大樓內設立新聞中心，會中有人認為租金太貴，我力主新聞展示中心，應設在紐約市中心，始有人順便前往參觀，遠離市區，交通不便，無人前往觀看，豈不是浪費國家財力。所幸兩案均獲通過，而且在各國大城市設立文教中心及新聞展示中心後，均發揮極大功效。

二、視察港澳業務

我兼任行政院港澳小組執行秘書，一年多來，我曾接待過許多來臺港澳人士，小組也曾舉行港澳學術論壇，研討九七後港澳政經發展。為瞭解政府設在港澳機構的業務情況，奉准親往視察。

七十九年九月二十日上午九時，我搭機飛往香港，十時四十五分抵達。駐港各機構主管陳志輝，鄧備殷、梁永燊、畢卓榮、李天齊等人來接，進住國賓旅舍。午間飲茶，談及新聞局擬在香港籌設中華新聞中心，經濟部擬在香港籌設臺灣產品展覽館，現正在尋租場所。

飯後由謝中英陪我去看九龍尖沙咀海港城新屋中心大樓，全樓面積有二千二百多平方尺，售價約一千萬美元。繼至香港自由中國評論社讀者服務部，空間不大，在裡面閱讀書報的民眾甚多，說明有增設新聞中心之需要。我們走到附近環球大樓二十二樓，全樓面積夠大，每月租金八萬美元。看過之後，經與中英兄商議。我認為兩處都很好，惟海港城新屋中心位於九龍尖沙咀，是僑胞聚集地區，最為適宜。究竟選擇何處，請其呈報新聞局決定。

回到九龍，參觀香港新設的文化中心及太空展覽，規模雄偉。參觀後，沿海邊馬路散步，觀賞海港風光，街道整潔，與我二十年前所見之雜亂情形，迥然不同。晚應珠海書院梁永燊校長在利苑設宴歡迎，同席有珠海江可伯董事長、中央社駐港辦事處主任朱敬敏及經濟部駐港代表黃種雄等人，據告江董事長係該餐館主人，所以菜肴甚佳，主客盡歡。

九月二十一日，與駐港負責人陳志輝共進早餐，談及九七後駐港機構人員回國定居問題，我建議可預作準備，先將名單報備。陳志輝表示，其本人願意退休，我予以慰勉，說明在港工作環境複雜，肆應至為艱苦，請其繼續為國效力。

上午十時三十分，由外貿協會駐港代表黃種雄陪同參觀香港展覽暨會議中心，臺北展覽中心設在二十二樓全樓，地點及景觀均佳，該層樓由民生公司購置，租給外貿協會使用，係一最好安排。

上午十一時，拜會中華旅行社代表鄧備殷兄，他是我外交部同事，職位等同駐港總領事。據告：香港政府對我擬在九七香港回歸後，設立中介機構表示很有興趣，請我方說明中介機構之性質、任務及負責人，供其研究可行性。並謂：港方現在對我政府官員來港，採取較寬政策，遲至民國一百年七月四日，中華旅行社始更名臺北經濟文化辦事處。

下午四時，前往珠海書院拜會梁永燊校長，他引領我參觀中華文化協會，內有兩個大禮堂均可容納一二百人坐位，是一良好集會場所。接著參觀中山圖書館，館內圖書甚豐，有不少珍貴書籍，為一良好研究之所。珠海書院設有文、商、理工三個學院，其中以新聞、電腦兩系最為堅強，學生有一萬餘人。

晚間，應謝中英之約，至香港半山陽明山莊花園景觀餐廳晚餐，該餐廳設有旋迴臺，可以觀賞香港夜景，氣勢雄偉。

九月二十二日上午九時，由王煜培陪同，乘坐氣墊船約一小時，到達澳門，李梅章處長偕同仁魏美昌等人來接，至總統大飯店萬歲廳午餐，同席有澳門代市長諾尼西歐 Hemigue Naleseo、澳門賽馬會會長劉方衡、臺灣工商總會會長胡峻滇等人，談話時，我曾邀請澳門代市長訪臺，並請澳方在臺設貿易觀光機構，渠願向澳門政府推動。飯後，前往國父紀念館參觀，是三層樓設施，國父孫中山生前曾在此行醫，內部佈置整潔，前來參觀青年甚多，惟缺乏文宣資料提供閱覽。我建議中山學會可設於三樓，以收地利之便，將有助於中山學會業務推廣。

他們陪我參觀中國與澳門邊界，兩邊設有關卡，對面是珠海特區，工廠林立，交界處圍以鐵絲網，類似小型柏林圍墻，運貨車輛來往甚多，繼驅車過澳門長橋至氹仔，參觀新亞東大學，回至我駐澳門臺北經濟文化中心，李梅章處長簡報，業務比較香港單純，工作進展順遂，迄至民國百年七月十五日始更名「臺北經濟文化辦事處」。

下午四時，趕回碼頭，搭船回到香港，鄧備殷、畢榮卓二兄來接，至江浙會館與陳志輝、許培櫻、馬鶴年等人共進晚餐。餐後梁永燊校長回到旅舍，談珠海書院今後如何發展問題。我建議設立基金會，由政府出資收購校產，交由基金會經營，將可為珠海書院建立長遠基礎。梁校長擬在中華文化協會內設立文化講座與中文訓練班，各需開辦費五萬美元，我建議他專案申請，該無問題。

九月二十三日上午九時，畢卓榮兄來接，過香港與鄧備殷兄會合，同遊海洋公園，乘坐電纜車，直登山頂，觀賞海港美景，並參觀海濤館，後乘電梯下山，參觀百鳥居，復乘電梯回至山頂午餐。鄧備殷兄說，我方在香港處境困難，港方避免與我作政治商談，工作不易推展。我予以慰勉，說明香港環境複雜，同仁們能堅苦維持此一局面，誠屬不易，望勿氣餒。

九月二十四日，搭機返臺，順利完成此次考察任務。

拾肆、開拓蒙古關係

一、懷念蒙藏委員會顧問吳化鵬先生

民國九十一年十一月十一日，我搭機由美飛抵臺北，已是萬家燈火的夜晚，到達旅舍安頓住處之後，我首先打電話給化鵬兄，吳夫人接電話說：「化鵬已經往生。」當時，我愣了一下。化鵬兄身體一向碩健，相隔僅數月，我怎能相信他已過世呢？

次日一早，我持花登堂向其靈前拜祭，蘇麗大嫂告訴我：「化鵬平時較少運動，患有心肌梗塞，事前毫無徵兆，日前突然發作，經醫開刀急救，引起併發症，不幸於十一月七日上午八時十分，肺衰竭逝世。」

我走出吳府，陷入哀傷沉思之中。

化鵬兄是我大學同班同學，他是蒙古人，抗戰期間在重慶中央政治學校唸書時，同學都曉得班上有個蒙古人名叫博林。畢業後，因他通曉蒙語，進入蒙藏委員會工作。民國三十六年政府召開國民大會，他膺選第一屆國大代表，參與制憲工作。四十一年，當選國民黨中央委員。當時他雖年輕，已經扶搖直上，非同輩所能望及的。

可是他並不重視名位，仍勤學不輟，持志負笈美陸，進入華盛頓大學研究，繼轉入奧立岡大學，獲法學碩士。學成後，奉派為我國駐美大使館參事，從事文化教育工作，並聯絡海外蒙藏人士，海外宣勤，政聲遠播。民國七十五年四月，中央徵召他返國入閣，接任蒙藏委員會委員長，他是蒙籍人士主持邊政最年輕的第一人。

七十八年夏，我奉調回國任行政院第二組組長，主管外交及蒙藏邊政業務。在此期間，因業務關係，公私交往頻繁，我對化鵬兄為人處事，有了較深的認識。他是一位熱愛桑邦和朋友的人，對於邊政持有遠大抱負，以務實的作法，積極開展蒙藏工作的新局。

及至七十八年底，蘇聯解體，外蒙古脫離俄共枷鎖，進行民主改革。化鵬兄認為這是開展蒙古工作的最好良機，遂派員前往蒙古溝通，研訂各項交流計畫，呈奉行政院核定積極分別推行。首先援助蒙古食米一萬噸，及藥用品、奶粉，以解決其人民生活急需。繼資助蒙古印製教科書款三十萬美元，協助蒙古廢止在俄共統治下所使用的俄文拼音的新蒙文，恢復原先使用的舊蒙文。並在臺代訓蒙古經貿人才，以增強其發展經濟能力。當此蒙古轉變關頭經濟極度困難，能以獲得我政府及時的援助，蒙古朝野人士無不感激，特派專使來臺向我政府致謝，並表達它願與我方持續進行各項交流活動。

七十九年秋，我從行政院退休，化鵬兄對我說：他要借重我多年從事外交工作的經驗，翌年聘我為蒙藏委員會顧問，協助他推展蒙古工作。我感於化鵬兄誠摯的情義，樂予相助。

在此期間，使我對於蒙古的政經情勢有了更深的瞭解。

二、訪問蒙古

化鵬兄本於民族情誼，經過多方聯繫溝通，兩年來邀請蒙古多位部長級官員來臺訪問，並輔導臺灣民間社團與蒙古民間從事經貿、學術及文化交流，逐步拉近了彼此間距離，提升了我與蒙古的實質關係。他為加強雙方交流關係，以便於處理日後雙方間的實際事務及衍生的問題，籌謀在蒙古首府設立辦事處，派我偕同世界蒙古協會秘書長吳罕台及蒙藏委員會科長海中雄三人前往蒙古一行，接洽各項交流事務。

我們三人連袂於八十一年六月二十一日乘華航班機啟程，經香港停留一宿。次晨搭港龍班機飛往北京，當天下午一時二十分，轉搭蒙古民航，經過一個半小時飛行，安抵蒙古首府烏蘭巴特（Uleanbatar）。蒙古對外關係部中俄司主管臺灣事務官員奧特根巴特前來接機，安排我們住進首都賓館。當時我即向其說明我們來訪的目的，請其安排我們拜會蒙古總理及相關部部長。他說：現在正值蒙古進行大選時期，政府高級官員分赴各地競選，約見較為困難，惟願盡力安排。

二十三日上午九時，我們同往工商貿易部拜會第一副部長剛巴特（KHUYAGIN GANBATER），彼曾於今年二月間訪臺，這次在蒙相會，他熱情相迎。我首先代表吳化鵬委員長向其問候。他說：「中蒙關係進展很快，全係由蒙藏委員會及吳委員長大力促成，蒙方非常感激。」我接著向其說明第一期蒙古經貿人員在臺接受訓練，進行順利。第二期將全部召訓金融人員，希望蒙方配合。蒙藏委員會曾於本月十九日下午，在外貿協會舉行蒙古經貿說明會，有臺灣企業人士一百多人參加，由在臺受訓的蒙古學員講解蒙古經貿現況，以促進雙方經貿關係。最後向其說明最近蒙藏委員會與外貿協會組織臺灣經貿考察團，訂於七月十九日由日本轉機前來蒙古，停留八天，二十七日返臺，希望貴部安排貿易交流會，參觀工廠，並拜會有關部門官員。剛巴特答稱：臺灣經貿考察團來訪，至表歡迎，蒙方將予官方接待。請將全團人員名單及職銜見告，本部將安排其在蒙行程。

當天下午四時，我們再度前往工商貿易部拜會部長巴耶巴特（S. BAYARBATAR）。我首先代表吳化鵬委員長向其問候，並邀請其訪臺。他說：臺蒙雙方關係，進展迅速，甚表滿意，允於適當時機，赴臺訪問。我說：為加強雙方經貿關係，我方建議雙方各在對方首府設立辦事處，其功能即在促進雙方貿易、經濟、科技、文化交流合作事務，為使人民交往順暢，辦事處應可互發簽證。至於雙方辦事處館舍，我方願協助蒙方解決，盼蒙方亦能給予我方協助。雙方派駐人員，為執行職務之便利，應享有外交的待遇。巴耶巴特表示：彼本人對我方在蒙設貿易辦事處一事，極為贊成，惟此事須與對外關係部商談。

當晚，剛巴特副部長假國賓館設宴歡迎我們，並邀副總理特別助理圖比立（Damdinjamts Turbiley）及勞工部部長特別助理蘇德芙（SODOV ONON）作陪。蘇德芙女士曾隨同剛巴特訪臺，擔任英文翻譯，因為彼此相熟，聚談甚歡。我問蘇德芙在何地學會英語？她說：是進莫斯科大學專修英文的。我問剛巴特副部長：「為何蒙古有很多人名字都叫巴特？」他說：「蒙文 BATAR 是英雄的意思，蒙古首府烏蘭巴特 ULEAN BATAR 是紅色英雄的意思。蒙古男人都喜歡稱雄，所以男人名有各種巴特。」

化鵬兄前在我駐美大使館任職期間，曾聯絡蒙古旅居海外人士組織世界蒙古協會，會址設在美國。蒙古改革開放後，世界蒙古協會設立獎助金計劃，甄選蒙古學生赴美深造。去年曾選送一名蒙古學生進入美國大學研究，已獲法學碩士，現在回到蒙古司法部工作。今年九月徵選一名蒙古女生，進美國大學攻讀礦業，這是長程計劃。尚有短程計劃，每年選送六名蒙古學生，赴美研究，全部費用由世界蒙古協會提供。這次蒙協秘書長吳罕台同來，就是辦理甄選工作。

吳罕台在加拿大一家公司任化學工程師，二十四日上午，他留在旅館，約見蒙古國外獎助金候選人，並向他們說明各候選人必須自行申請國外大學，經核准入學，世界蒙古協會提供獎助金，供其在國外深造。經其面試，明年入學合格者，僅有五人。

二十四日下午三時，我們同去蒙古國立大學，拜會校長杜爾傑教授（Prof. DAICHAGIIN DORJI）。吳罕台秘書長向其說明蒙古協會獎助金，目的在培育外蒙高級人才，學成回蒙古服務。他說：旅居國外的蒙古學人專家，亦願利用假期，回國擔任短期教育工作，杜爾傑校長表示歡迎。他說：蒙古現正在改革期間，亟需各項專業人才。對於世界蒙古協會協助培育蒙古人才計劃，至為感謝。今年四月，他曾赴漢城參加世界大學校長會議，見到加州大學田

沈克勤在蒙古總統府前留影

長霖校長。田校長表示：願意接受蒙古學生來加大讀書。惟現在蒙古大學生出國深造，最感困難的是英文程度問題。蒙古大學現正在加強英語教學。我乘機請其選派學生赴臺學習漢文，蒙藏委員會願提供蒙古學生在臺學習費用。同時臺灣學生有願來此學習蒙文的，盼望貴校亦能接受。杜爾傑校長表示同意。我說：蒙藏委員會有意邀其訪臺。杜爾傑校長說：月前魏萼教授來訪時，曾邀請他於今年九月間赴臺參加學術會議，屆時可能前往。我說：請事先告知，以便接待。因另有約會，未及參觀蒙大學校設施。

當天下午五時，我們到政府辦公大廈，拜會蒙古人民革命黨主席達希危登（BUDRAGCHAAGIN DASH-VANDON）。我首先說：吳化鵬委員長日前接到主席閣下去信，表達雙方合作意願，感到非常欣悅，特囑我帶來覆信，向主席問候，當將信函及禮品送呈。並說明我政府對於蒙古近年發展經濟，願予支持，獲得蒙方配合，雙方關係進展快速。達希危登主席對吳委員長盛情，表示感謝。說明目前蒙古經濟困難，下個月可能更為惡化。承蒙貴國捐助食米藥品，均是民生最需，請向貴國政府表達深摯的謝意。在此困難時期，蒙古舉行大選，相信蒙古人民革命黨可以獲勝。初步選舉結果，將於二十九日揭曉。我黨執政之後，將力謀局勢穩定，發展經濟，計劃設立經濟自由區。希望雙方加強合作發展工業，其他文化合作方面也很重要，請向吳委員長問候，並歡迎其來蒙古訪問，一定給予最好的接待。

二十五日清晨，與聯合國兒童基金會派駐在蒙古的兒童營養專家泰國瑪希丹大學教授榮饒（YONGYOUT KACHONDHAM）共進早餐，他說：蒙古兒童普遍營養不足，多患肺炎，需要維他命D予以補充。

早餐後，我們一行同遊甘丹寺，這是蒙古大帝包格德的皇宮，分為夏宮與冬宮兩部分。現夏宮正殿成為喇嘛廟，有一二十位喇嘛正在坐禪唸經，信徒民眾圍繞跪拜祈福。院前有數百隻白鴿，群集尋食，並不懼怕穿梭的遊客。冬宮陳列有包格德皇帝生前御用的臥床、桌椅、龍袍衣物，以及出巡時，在前開道所用的長角喇叭及大鼓等物。包格德皇帝喜愛寵物，闢有專室展覽各種飛禽走獸標本，以及各種海洋生物。門額上題有德慧寺三字。

順道往遊郊外蘇俄在第二次世界大戰中與日本作戰之陣亡將士紀念碑，建立在半山上，站在碑前，可以鳥瞰烏蘭巴特市全景，市區道路房舍，甚為整齊壯觀。

回到賓館，遇到前在臺相識之蒙古記者。據告：此次蒙古大選，蒙古人民革命黨將可在七十六席大呼拉爾（眾院）中，獲得四十至五十席，其餘二十七席，由其他各小黨分得，執政黨倘能獲國會三分之二席位，即可一黨執政。

中午，與前曾訪臺之蒙古戰略研究中心執行秘書巴爾德（RAVDANGIN BOLD）、高級研究員魯爾茲德（NATSAGIN NURZED）共進午餐，同席還有一位韓蒙協會主席。餐後，他們陪同參觀市區。我們到蘇俄官員高級住宅區及各國使館區參觀，據告此間民房，土地國有，人民只能租地買房，普通房舍租金一平方尺每月價約十美元。最後邀我們走上九樓他的住宅內飲酒。並邀來外國投資處官員恩奇倫（YA ENHCHULUUN）與我們坐談了兩個小時。據告：㈠蒙古處在中俄兩大國之間，現在與臺灣交往，心中仍有戒懼，不願因與臺灣交往，而得罪中共。㈡蒙古現正處於過渡期間，經濟極度困難，甚需外援，倘臺灣能於此時伸出援手，來此設立辦事處，這是最有利時機。㈢現來蒙古投資的國家，已有中、俄、日、美、德、香港、新加坡等，臺灣尚無一家廠商前來投資。談至天黑，沒有電燈及電梯，摸黑走下九樓，有點吃力。

晚間，吳罕台秘書長邀請國外獎助金候選人十九位大學生，在賓館共餐。年輕人聚在一起，飲酒高歌，氣氛極為熱烈。

二十六日上午十時，我們往見蒙古紅十字會執行委員會主席蘇勒（NURENGIN SHURA）。我先詢問我國政府及人民捐贈給蒙古一萬噸食米、藥品及奶粉等運送情況。蘇勒主席說：對我國贈送救援物品非常感激，第一批食米二千噸運送順利，已分配給蒙古貧窮人民食用，大家非常感激。第二批二千噸食米運到天津時，他聽說有點問題，親自趕往天津，與大陸鐵道部談妥，現已解決，三四天內即可運到蒙古。盼望我方能將所餘六千噸食米於八月間一次運完。我問儲存有無問題？他說：食米運到後，就送到各省分配站，分發給牧民，儲存運送分配均無問題。海中雄科長問他如何分發奶粉？他說：都分發給蒙古孤兒與兒女多的家庭食用。我問他蒙古紅十字會與臺灣紅十字會有無直接聯繫？他說：臺灣不是國際紅十字會會員，故無直接來往。我邀請他訪臺。他說：如果入臺手續沒有問題，他願於七月底成行。我說：入臺簽證手續，可請蒙藏委員會代為辦理。同時，我們在其辦公室內，看到其他國家捐贈給蒙古的各種救濟物品。

當天下午二時三十分，拜會蒙古國會經濟委員會主席恩賽罕（MENDSAIHENG ENHSAIHAN），我向其說明我國經貿考察團及立法委員考察團將於下月分別來蒙古訪問，盼望蒙古國會能予接待，彼允予協助安排其在蒙行程，並可拜會議長，繼商談雙方交流問題。

下午三時，前往郊外牧場遊覽，看到滿奇林寺（MANCHILIN）廢墟。據告，該寺原有喇嘛千餘人，全被俄軍殺死，寺廟完全燒燬，現在原址僅留有建基和一具煮飯巨大鐵鍋，供人憑弔。海中雄看到許多馬悠閒的在牧場啃吃青草，他一時技癢，跨上一匹駿馬，本想一顯身手，哪知這匹馬不聽指使，急馳狂奔，未久即被摔下馬來，幸未受傷。

二十七日上午九時，我單獨去見蒙古發展部副部長薩甘赫博士（Dr. RAVDANGIIN

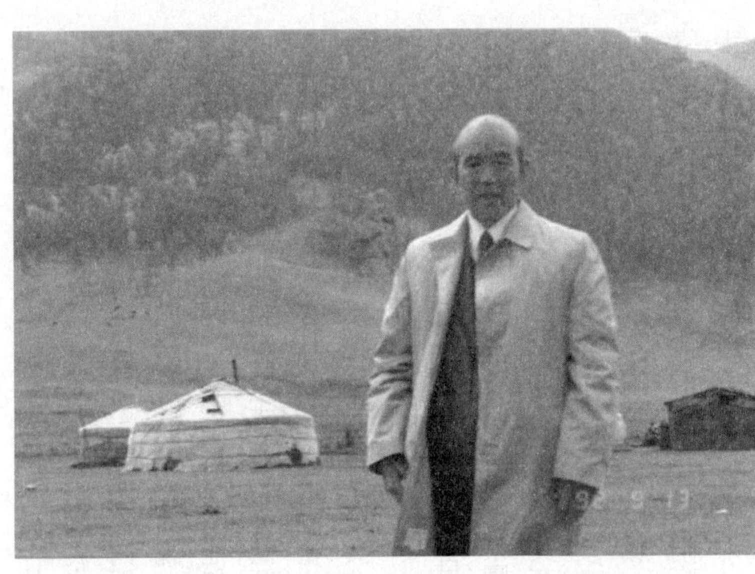

沈克勤攝於外蒙總理札斯烈住家蒙古包外

TSAGAANKHUO）及國際合作司司長赫倫巴特（BAAVGAIN KHURENBAATAR）。他說：部長已赴選區競選，到下星期才回來。又說：過去蒙古僅與蘇俄合作，現今蘇俄崩潰，停止對蒙援助，今後蒙古將與所有國家，尤其著重與亞洲國家合作發展經濟。他又說到我國農發會主任委員王友釗一行三人前來蒙古訪問，由他親自陪同赴各地考察。王主任委員對於此行至表滿意，並提出建議，將派農技團前來協助蒙古開發農業。

蒙古前任總理札斯烈，現任蒙古中小企業協會會長，聽說我們正在烏蘭巴特訪問，主動邀請我們於二十七日在一家私人經營的歐哈（OHA）旅舍午餐。他說：蒙古對於中華民國卓越的經濟成就，極為嚮往，甚願學習我國中小企業發展經驗。對於我國給予蒙古的食米等項的援助甚為感激。我們雖是初次見面，卻相談融洽。飯後他又邀我們到他的廣漠牧場，與他的家人共渡週末，見到他的夫人，大女兒、女婿、兩個兒子及隨員。牧場上設有兩個蒙古包，內部擺設很像我們家中客廳，有桌椅沙發，大家圍爐而坐，招待我們飲馬酪，味如酒，多飲亦會醉，因而又稱馬酒。他當場宰殺一隻小羊，切成大塊，放在一個圓鐵桶內，加上清水，然後將燒得滾熱的鵝卵石，放到鐵桶內，用熱石燙熟羊肉，再取出大塊羊肉，由各人用手自由取食。羊肉嫩而味鮮美，我啃了一大塊，享受到蒙古最佳的美味，大家在啃食時，情趣橫生，歡樂融融。蒙古人天性豪放好客，大家吃飽之後，有的去騎馬奔馳，迎風高歌；有的倘徉在廣漠草原上，翻滾遊戲，和風輕拂，陽光溫暖，欣賞大自然的美景。這時我的胸臆隨之開朗舒暢，憂慮全消，盡情享受著牧民最美好的時光。

二十八日中午，搭蒙航飛抵北京。這是我第一次進入北京市區，逗留一天，參觀故都名勝。三十日，搭機依原路線，經香港飛回臺北。

我們在外蒙訪問一週，儘量利用時間，與外蒙朝野廣泛接觸，對外蒙政經情勢有了初步認識，對雙方交往的願望作了初步溝通。回來我們向蒙藏委員會吳委員長報告說：外蒙現正處在過渡時期，朝野都期盼能早日渡過難關，步上民主自由坦途。對於我方給予之各項援助，無不感謝。甚盼能加強雙方交往，借重我方經濟發展經驗，來改善蒙人艱苦的生活。

三、與蒙古總理商談合作

七月二十一日。傳來消息：蒙古人民革命黨在此次大選中贏得大勝，在大呼拉爾（國會）七十六席中贏得七十席，大呼拉爾二十一日集會，以百分之九十二多數，選出五十九歲的札斯烈（PUNCHAG JASRAI）復任總理，他將帶領蒙古從社會主義制度過渡到市場經濟。

吳委員長聽到這個消息非常高興，召集蒙藏委員們會商，認為趁熱打鐵，把握良機，派我再赴外蒙一行，要我即作安排。

我遂於九月八日飛往北京，停留兩日，購辦禮物，順便一遊長城及明陵。

十一日下午四時，搭中國民航班機飛抵烏蘭巴特，蒙古工商貿易部副部長剛巴特，對外關係部官員奧特根巴特及早來此間的蒙藏委員會秘書傅壽山同來接機，到達首都賓館，已經天黑。今晚剛好是中秋夜，剛巴特設宴歡迎，大家再度重逢，氣氛格外熱烈。宴罷步出院落，不見月光，雪花紛飛，天氣陰冷，我有點疲倦，回到賓館就寢。

十二日上午十時，剛巴特副部長來賓館與我會談。他說：蒙古與我交往，不能不顧忌中共態度。前任總理對於雙方互設辦事處事，甚有興趣，連人選都已有了決定。新總理剛上臺，對與我發展關係更為謹慎，多數部長都是新任，對臺灣情形不甚瞭解，對與我發展關係，有的支持，有的反對，不過對外關係部長倒很瞭解，他曾探詢中共意見。中共表示，蒙古與我發展民間關係，它不過問，我對於他把政府內情先告訴我，使我在拜會總理時談話有所拿捏分寸。至表感激。

當天中午，約對外關係部官員奧特根巴特在賓館午餐。餐後，他陪同我們去中央博物館，參觀恐龍骸骨。巡視一周出來，又到人民市場，見人頭攢動，但很少有物品出賣，只看到有人拿著一把葱，有人拿著一雙鞋在兜售。可知日常用品及食物的缺乏。

十三日十時，奧特根巴特陪同我們到郊外遊覽，先到那賴克（NALAIK）小鎮，路旁有奇特石山，恐龍卵石，成吉斯汗紀念亭。車續行一小時，到特瑞里杰（TERELIJ），這是一個產煤地方，有小型工業，沿途山色風光悅目，深秋氣候宜人，紅黃色樹林，尤其美麗。

下午回到賓館，稍事休息。六時三十分，總理女公子巴麗瑪親自來接，車行十幾分鐘，到達特區，門前有警衛守護，專車直達總理官邸，是一座兩層樓的西式別墅，札斯烈總理暨夫人站在門前相迎。邀我與傅壽山到客廳坐談。我說：吳委員長得悉閣下榮膺總理，本擬親來道賀，因公務不克分身，特派我與傅秘書攜其專函前來道賀，我來之前，行政院郝柏村院長要我代向閣下問候。總理說：他原未想到會再任總理，經黨推選，又值蒙古現正處在最困難時期，不能辭謝，祇好勉為其難。承蒙郝院長及吳委員長大力支援蒙古，本人內心非常感激，請代向郝院長及吳委員長轉達衷心感激，並代為問候。

總理繼邀我們兩人進餐廳與其家人共餐，一面進食，一面續談。總理說：中共曾告訴蒙古，不得與達賴喇嘛及臺灣發生任何官方關係。因此蒙古雙方互設辦事處，開始時，祇可辦理貿易投資觀光文化交流事項，暫時不用辦理簽證業務，免受中共干擾。為便於我們雙方交往，蒙古政府擬設立一專責機構，定名為「太平洋區經濟合作協會」，由工商貿易部及對外關係部等機關派員參加，並選派曾任部長及駐俄大使之高陶甫（D. GOTOV）為會長，剛巴特副部長任副會長，處理與我方貿易及經濟合作事項，今後我方可與該機構直接聯繫。

關於邀請其夫人訪臺事，總理說：吳委員長英明，知道他在就職之初，不能離國前往，其夫人短期內亦難成行，惟其女兒很想去，今年十一月間可以成行。他又說：日本也曾邀其訪問，迨明年訪日時，可事先作好安排，與吳委員長在日本相見。對於吳委員長的關愛盛情，他將備專函致謝。稍後並將派專使訪臺，向郝院長及吳委員長道謝，商談雙方合作事宜。

這次晚宴是家庭聚會，談話歷兩小時，親切融洽。告別時，總理夫人囑咐以後再來蒙古時，可隨時來家吃飯，有何事情，可告知其女兒轉達，並要其女兒送我回賓館。

九月十四日上午十時，往見工商貿易部副部長剛巴特，我把昨晚與札斯烈總理晤談情形向他會報。剛巴特說：他將介紹新任太平洋區經濟合作協會會長高陶甫及其他委員晤面，並告知該協會的辦事地點及電話，以便我方與其聯繫。十四日下午三時三十分，我們拜會蒙古人民政策及勞工部長戈寶傑夫（ERDENIIN GOMBOJAV），由該部對外關係司長蘇德芙（SODOVYN ONON）女士陪見。蘇德芙女士前曾訪臺，她的英語流暢，由她擔任傳譯。談及蒙古擬送三十名營造工人至臺灣實習，勞工部長說：過去蒙古曾送勞工至俄羅斯及哈吉斯坦工作，勞工部也願送勞工至臺灣工作，雙方須先簽訂合約。我請其提供合約草案，彼表同意。他說：臺灣中小企業願否來蒙古投資設廠？我說：這是解決人民失業的最好辦法，但蒙古須先制定投資優惠辦法，讓外來投資者有錢可賺，他們自會前來。談話約一小時，辭出至市場逛百貨公司，陳列有各種貨品。每斤麵價值四點八圖克（4.8 TOGRIG），物價尚屬低廉。

九月十五日十時三十分，拜會對外關係部副部長喬英豪（JALBUUGIN CHOINKHOR），我先向他說明臺蒙雙方近年交往關係良好，為繼續加強合作，我擬在蒙設立臺北貿易辦事處（TAIPEI TRADE OFFICE）。他認為這個名稱很好。以後看工作開展情況，再循序擴大功能。惟設立此一機構，須由工商貿易部批准，對外發展部願予支持，我感謝他的提示，將與工貿部長洽談，盼對外部多予協助。副部長繼稱：將來蒙古在臺設立機構，因蒙古目前缺乏外匯，希望我方能予支援。

我們從對外部走出，即往見工商貿易部部長圖梭格特（TS TSOGT）。我首先對他協助我國經貿考察團在蒙古考察順利成功，表示感謝。今後為增進雙方經貿合作，我方擬在烏蘭巴特設立臺北貿易辦事處，此事須先經工商貿易部核准，請其支持。工貿部長說：請吳委員長來函申請，他原則同意，細節要我與法律官員詳商。繼與該部法律官員續談，他說：臺灣要在蒙設立貿易辦事處手續，須先簽訂為期三年合約，以後可以延期，惟不可經營商業，無需納稅，辦事人員可以在蒙長期居留。

當天下午三時三十分，剛巴特副部長陪同我們拜會蒙古副總理普瑞夫道杰（CHOUILSURENGIN PUREVDORJ）。我先向其道賀榮膺新職，繼向其說明臺蒙雙方合作進行順利，為加強關係，我方擬在蒙古設立辦事處，彼表示支持。我說：吳委員長原想邀其女兒赴臺學習漢文，現得知她已獲得美國大學入學許可，蒙藏委員會願提供獎學金，供其赴美深造。彼對我方給予蒙古各項援助，至表感謝。

晚間六時，我邀請前在臺受訓現已回蒙的第一期經貿人員十八位聚餐，他們回蒙後，分在各公營機關擔任中上級職位。他們在臺受訓為期半年，我們彼此都很相熟，這次在蒙重聚，顯得感情格外濃烈。飯後，我又與三位申請赴臺學漢文的學員晤談，其中有一位是蒙古對外關係部中俄司職員巴森蘇仁，值得培植。

十六日上午，天氣晴朗，我與傅壽山秘書步行至工商貿易部，在剛巴特副部長辦公室，會見前國家發展部部長現任國會議員巴特蘇爾（BAATARSUR）。我說：自他去年十月訪臺後，臺蒙關係進展順利，對他的貢獻，表示讚佩。我請其在國會中，聯絡友我人士，籌組世界自由民主聯盟蒙古分會，並邀請其參加今年十一月七日至十日在泰國曼谷舉行之「亞太地區自由民主聯盟」會議。彼表示有興趣，惟在國會開會期間，須請准假始可成行。

剛巴特副部長陪我們參觀蒙古皮革成衣廠，由在臺受訓學員蘇倫吉爾女士（LUVSANVANDANGIN SARANGEREL）擔任總經理，引領我們到廠內各部門參觀。據她說：全廠工人共有一千四百人，每天生產皮革一千五百平方尺，每平方尺售價二十五美元。每年生產皮衣三十萬套、皮手套十八萬套、皮帶一百三十萬件。惟目前缺乏生產資金，需貸款四百萬美元，始能營運正常。我們看到全廠設施頗具規模，各生產線都在順利進行，想不到這位年輕的學員，學成回蒙，主持這樣大規模事業。

中午與剛巴特共進午餐，餐後，他陪我們參觀蒙古國營地毯廠及戈巴（GOBA）毛衣廠。牛羊皮毛是蒙古特產，毛衣地毯，都是蒙古賺取外匯的產品，工廠設備頗具規模，惟目前缺乏資金經營，聽說日本人很有興趣前來投資合營。

十七日上午九時半，拜會蒙古人民革命黨副主席巴克赫斯赫葛（BADAMDORJIIN BATKHIISHIG）。我先祝賀該黨大選獲勝，並將吳委員長致該黨主席達希汪頓（DASHVANDEN）賀函請代為轉陳。他表示：臺灣經濟發展模式，值得蒙古借鏡。我說：為加強雙方合作關係，我方擬在蒙古設立辦事處。副主席表示：該黨將全力支持，並望在同樓辦公。我請教該黨與政府及國會的運作關係。他說：該黨訂十月三日舉行黨代表大會，選舉黨主席，可能由總理或國會議長兼任，下設二位副主席，一位負責黨務，一位負責國會運作。黨主席之下設總務委員會，委員九至十一人，包括總理、黨秘書長、國會議長、地方首長。依照蒙古憲法，總統是國家元首，不參加政黨活動，協調政府與議會功能。國會最有權，任免總理部長，國會議決事項，政府必須執行。

當天下午四時，拜會糧食暨農業部長烏爾德（TSENEENJAVYN UULD）。他對我政府贈送食米給蒙古，表示感激，並歡迎我國選派農技專家前來蒙古協助種植蔬菜水果。他說：蒙古一年農業生產季節只有九十五天到一百零五天。六月初春耕，八月底秋收，九月天氣變寒，開始下雪，冬天冰凍地下一尺至一尺半深，百物不生。盼望我農技人員能於明年二月底來蒙古，三月至六月，沙土飛揚，可來此預作準備。他還陪我們參觀一座溫室種植場，現因電力不足，已經廢棄在那裡，殊為可惜。

九月十八日十時，我們離開賓館，剛巴特副部長特來送行，並攜來札斯烈總理致吳委員謝函及禮品，請我代轉。信中說明兩點：㈠蒙古政府已設立專門機構，與我方進行交往。㈡

蒙古政府將派專使赴臺，商談雙方合作事項。我們在候機室內談了許久，對剛巴特副部長在我們訪問期間給予的協助，表示衷心感激。他對於我們此行獲致的成果，感到欣慰。等到下午二時，蒙航班機起飛，到達北京留宿一宵。九月十九日，經香港飛返臺北。

次日到蒙藏委員會上班，向吳委員長報告此行經過，並將蒙古總理札斯烈來函陳上。吳看完信後，甚表滿意。認為應積極進行辦事處的籌設工作，有意要我前往擔任代表。我說：我已從外交部退休，不宜再任公職。而且外蒙冬季冰天雪地，我的身體也受不了。我這次訪問外蒙，得到傅壽山兄很多幫助，他是蒙古人，蒙語流利，品德能力均佳，由彼出任此職，最為適宜，吳當時未置可否。

四、臺蒙互設機構簽約

八十二年一月二十九日，外蒙政府派對外經濟事務顧問巴雅巴特（S. BAYARBAATAR），偕同太平洋區貿易及經濟發展協會會長高陶甫、副會長剛巴特來臺訪問十天，蒙藏會安排他們拜會經建會、經濟部礦業司、商業總會，並參觀外貿協會，職訓局及外蒙經貿人員訓練班。在此期間，我曾與他們商訂一份備忘錄。二月七日，在他們離臺前夕，由吳委員長與蒙古工商貿易部副部長剛巴特分別代表臺蒙雙方正式簽署，要點如下：

「財團法人蒙藏基金會代表與蒙古對太平洋國家及地區經濟合作協會」為增進雙方民間經濟合作與文化交流之便利，爰經會商，獲致協議如下。

一、蒙藏基金會在烏蘭巴特設立臺北經濟文化中心，蒙古對太平洋國家地區經濟合作協會在臺北設立分會。

二、雙方所設立之機構為非營利之民間社團，其宗旨在增進雙方經濟合作，貿易投資，文化交流及科技轉移等事項。

三、雙方派駐之人員，得應業務之需要而增加。

四、辦公處所由雙方互相免費提供或自行租用。

五、為執行工作上之便利，雙方應洽請有關主管機關給予工作人員適當之禮遇。

約文極為簡單，但俱有彈性，雙方都有自由運用的空間，不會有窒礙難行之處。現在萬事俱備，只待呈准政府核准實施。

這時政府施政遭遇民進黨在立法院杯葛，他們主張片面宣示承認蒙古獨立，要求裁撤蒙藏委員會。李登輝總統為呼應在野黨的要求，於八十二年二月初，宣佈內閣改組，行政院院長郝柏村下臺，由連戰先生接任。吳委員長感受到政局丕變，受不了立法委員質詢時對政府官員的羞辱，決定自行引退，推薦蒙藏委員會藏事處長張駿逸接任，自願以民間身份，繼續推展蒙藏工作。

我政府自八十年與外蒙開始交往，為顧及當時情勢，即曾指示蒙藏委員會今後與蒙古進行文經工作，應透過蒙藏基金會以民間方式秘密進行，因此我與蒙古各項交流工作，進行至為順利。

張駿逸委員長接掌蒙藏委員會工作之後，卻指示今後政府與蒙古任何交流工作，均應由該會直接辦理，無需再透過蒙藏基金會，且不得以秘密方式進行。凡事應儘量宣揚，以致蒙古政府遭受中共及在野黨之種種干涉，使我與蒙各項交流工作，陷於停頓。

到了民國八十二年十一月，吳董事長接到蒙古政府專設與我聯繫機構之對太平洋地區經濟合作協會會長高陶甫暨副會長剛巴特聯名於十月十九日來函稱：「蒙古政府及人民均瞭解加強雙方民間之關係是非常重要。因此在臺成立之蒙藏基金會，在蒙古成立之蒙古對太平洋地區經濟合作協會來負責推動雙方關係。但是貴基金會近無活動，而由蒙藏委員會出面推動，使蒙古政府及本會受到一些媒體批評指責。為使雙方關係更穩固與長遠發展，希望還是由貴會與本會擔任雙方聯繫管道為較好方式。同時以更積極態度來協商雙方曾在一九九二年所協議而未達成之目標，例如雙方互派代表、設立辦事處及代辦簽證事項。」

化鵬兄接到蒙方來函之後，多方奔走，陳情呼籲，希望能有轉圜餘地，格於當時情勢，終無法突破僵局。我看大局已不可為，遂於八十四年辭去秘書長，移居美國，依親生活。化鵬兄亦曾數度灰心思退，惟對於他志趣所在的蒙藏工作，不忍割捨，總盼望委屈求全，能為桑邦繼續效勞，豈料最後蒙藏委員會竟迫令他把耗費多年心血所建立的蒙藏基金會也交了出來，使他退居私宅，仰梁興嘆，仰鬱以終，魂歸大漠，令我感傷懷念無已！

經歷了這次奮力圖謀外交突破，卻因內部因素，不幸功敗垂成，我心中不禁疑問：化鵬兄這樣的一心報國，鞠躬盡瘁，竟落得賫志而歿，難道只是他個人的損失和遺憾嗎？

拾伍、講授國際法

民國五十年秋，政工幹部學校國際法教授彭明敏因受政治迫害，潛逃出國。當時政工幹校政治系主任但蔭蓀先生是我政大老師，一天，他徵詢我有無興趣教國際法，我雖在政大修過國際法，但事隔多年，早已置諸腦後，何為國際法，我已毫無所知。但我對教書很有興趣，當即一口答應。當時坊間國際法參考書甚少，我向杜光塤委員請教，他是政大外交系國際關係名教授。他指點我說：名國際法學家史達克（J. G. Starke）於一九五八年著《國際法導論》（*An Introduction to International Law*）一書，是當今國際法課程之最理想教科書，此書臺灣有翻版，我購到一本，作為教材。上課前詳加研究，並據此編寫教材，上課時講授，頗得學生好評。

教完一個學期，但老師囑將所編國際法教材撰寫成書，我遂將譯稿略加損益，尤看重一九五八年以後海洋法、太空法及外交領事關係等法規，予以增補，期能包羅最近國際法之新發展，並及於戰爭法、中立法、軍事佔領、國際組織及區域安全組織等所涵觀念之闡述，以適應軍事學校之需要。

五十二年九月間，書稿完成，送呈政工幹校審核，列為該校教科書。初版由印刷廠甫印成，即為「葛樂禮」颱風所帶來之洪水浸毀，集斷簡殘篇，重新裝訂，得百餘冊，交書肆出售，未匝月而售罄。讀者對該書之需求，給我莫大鼓勵。

這時我已進外交部工作，在條約司承辦聯合國業務。正值維也納領事關係公約之簽訂，禁試核子武器條約之締結，太空法原則之草擬，聯合國憲章之修改，均為適應國際社會需要而產生，乃將我被毀的初版新書，再加以修訂補充，交好友陳上典所主持之海天印刷廠，重新印製。承我妻任培真女士代編國際法成案表及名詞索引二種，一列於篇首，一殿於書後，以便利讀者之查閱。所需印刷費一萬元臺幣，也由我妻提供，書印成後，交由我與馬全忠及劉國瑞兄創辦之學生書局發行，銷路甚好，逐漸受到各大專院校採用為教材，也成為外交官學子投考必備的參考書。

民國六十年春，我奉調任澳洲昆士蘭州首府布里士班領事，於赴澳洲首都坎培拉大使館開會之便，邀約在澳洲大學任教的國際法學名家史達克教授（J. G. Starke）共進晚餐，承告其初讀國際法時，深感各家著論深奧，乃立志撰寫《國際法導論》（*An Introduction to International Law*）一書，務求簡明易解，且每四年修改一次，冀求與時俱進。我聆聽雅教，深受啟發，我也想不斷修改我撰寫的國際法一書。自五十二年此書初版發行，至八十年止，在此三十年間，共修訂八次版本，期能配合國際法之新發展。

我的同班好友陳治世，我倆在畢業之後，一同投效鳳山新軍訓練工作，他任英文翻譯，兩年之後，美軍顧問撤走，他轉任臺南中學英文教師，後赴美留學，榮獲法學博士，歸國在母校政大講授國際法，後榮升政大校長，我認為一個學子從母校畢業，能回任母校校長，這是無上光榮。

七十八年，我退休之後，陳治世兄介紹我參加「中國國際法

THE AUSTRALIAN NATIONAL UNIVERSITY

THE RESEARCH SCHOOL OF SOCIAL SCIENCES

IN REPLY PLEASE QUOTE

BOX 4, P.O., CANBERRA, A.C.T., 2600 49-5111
Telegrams: "Natuniv" Canberra

19 April,1972.

Mr. K.C. Shen,
Consul of the Republic of China,
BRISBANE. Qld.

Dear Mr. Shen,

I have this day sent you a copy of the 7th edition (1972) of my book on International Law.

I still have most pleasant memories of my meeting you at Canberra, and Hope that we shall meet again upon my return from Europe.

My wife was delighted with the brooch which you so kindly sent to her through me, and asks me to convey her very best thanks and regards,

Thank you again also for the beautiful picture, and the translation of my book.

Yours very sincerely,

J.G.Starke
(J.G.Starke)

史達克教授致沈克勤書函

學會」，在這一年「中國國際法學會」年會上，我就「國際法教學與實踐」提出報告，摘錄於後：

抗戰時我在重慶考進政治大學，專修法政，曾選讀國際法一課。當時國府困處西南一隅，國際通路斷絕，全民奮戰求生之不暇，無人關心國際法律秩序。我於國際法一課求得及格之後，腦海中沒留下任何印象。

及至到了臺北，應幹校之聘，講授國際法。我這才重拾舊書，一面學，一面教，所謂教學相長，誠哉斯言。實際教書的人，面對每一個問題，絲毫不能馬虎，非窮追究底，查考清楚不可。一門課重複講了數十遍，自會窺悉奧蘊；一本講義，一再編修核校，便會領悟精義。這時我對國際法才真發生了興趣，結下了緣份。

當我跨進外交部大門時，幸運被分在條約司工作，每天所接觸的業務，不是聯合國的代表權問題，就是條約的研議，解釋與批准，無一不與國際法有關。真是書到用時方恨少，這時方感到才學有限，不足以肆應實際外交的需要。五十二年秋，我獲有機會，追隨我國代表團，出席聯合國第十八屆大會，親聆各國元首演講，大會代表辯論，國際政治紛爭雜陳，縮影於一個世界議會殿堂之內，耳濡目染，方知唯有建立國際法律秩序，始能維持世界安全與和平。

我從事外交工作三十餘年，深感國際法是外交人員的隨身法寶。無論辦理外交工作，或是處理商務僑務，一言一行，都應以國際法為準繩，方能維護國家的權益，而不會有所隕越。

尤其是當今世界縮小成為一村，國際交往頻繁，相互依存緊密。人民出國觀光旅遊，移民居留，投資貿易，文化合作，體育交流，科技轉移，甚至商標專利，遠洋捕魚，無一不需要國際法的知識，始能得到世人的尊重，而不致貽笑外邦。

今天在座諸公，都是法學名家與教授，本人不揣淺陋，謹將個人對國際法教學的歷程及實踐的經驗，提出來報告，敬請指教之外，尚望諸公對國際法智識的推廣與普及，共同加倍努力，期使我們中國人能成為崇禮守法的現代人，受到舉世的歡迎與敬重。

陳治世兄又介紹我參加「中國聯合國同志會」，這是一個學術團體，集合學者專家，定期集合研討我國如何發展與世界各國之國際關係，會長是我的老師朱建民教授，秘書長是方志懋先生。一天，他們兩人指定我在會中報告「我國與東南亞主要國家之經貿關係及經貿南向政策」，我受命之初，深感惶恐，因我雖在泰國服務多年，但無暇從事學術研究，尤其是經濟問題，更是外行。可是朱建民老師交辦的事，又不敢辭，祇好向外交、經濟等有關單位搜集現有資料，以及個人在工作上的體認，撰寫一篇學術論文，長達萬餘字，在會中提出口頭報告。首先論述當前國際趨勢，略謂美蘇軍事對抗之冷戰局勢結束後，國際經濟發展與區域經濟整合已成為國際局勢的主導力量。繼分析我國與東南亞主要國家之經貿關係。其中我特別強調我國在東南亞國家擁有一項最寶貴的資產而且是他國所無者，就是散佈在東南亞地區之我國華僑約有二千多萬人，他們在當地僑居都已根深蒂固，與當地人民相處融洽，而且大多數經營工商業，是我國投資廠商最佳的合作伙伴，也是我國產品外銷的最佳代理商，我國政府與民間企業倘能善加利用我國在東南亞地區華僑的力量，必將大有助於我國向該地區之經貿發展。

最後說到我國經貿南向政策，指東協國家計劃在未來十五年內，完成「自由貿易區」，區域內貿易關稅降至零，因此我國廠商早日進入東協國家建立生產基地及銷售網路，對我整體經濟發展極為有利。

我認為我國工商界向外發展，是國力向外延伸，政府應給予大力支援，而且我國實施「經貿南向政策」，要與大陸政府發展經濟取得一個平衡的整體策略。我政府應鼓勵臺商結合東南亞僑商，聯合赴中國大陸投資，同時臺商亦可結合大陸人才技術與資金，共同向東南亞地區發展，這樣可以壯大國人工商力量，將可達成「共贏」目標。

陳治世兄著有一本「條約法公約析論」新書，我引介在我主辦的學生書局出版，獲得新聞局「金鼎獎」及嘉新基金會學術獎。在此期間，我與治世兄交往更為密切，後來我移居美國，聞悉他患病去世，同窗好友，又少一人！

拾陸、我的外交生涯

民國八十七年七月二日，接到紐約友人一通長途電話，驚悉沈昌煥先生因敗血症逝世。我簡直不敢相信，去年底我回臺北還和他同席晤面，他和往常一樣，談笑風生，看不出有何衰老，而今竟人天永隔，令我哀痛不已，多日不能釋懷。

四十九年，他出任外交部長，當時我在立法院外交委員擔任秘書。記得他首次來外交委員會報告我國外交政策，有一位委員恭維他說：「沈部長，你現在正當盛年，好自為之，將來定可為我國外交前途開創新局。」沈部長從容的站起來，用手拉一拉領帶，眼睛上望，歷數民國以來外交部長王寵惠、王正廷、陳友仁、林森、胡漢民、顏惠慶、顧維鈞、張群、黃郛、葉公超等先輩，出任外交部長時，均比他年輕。答辯中充滿了自信和自負，使這些老委員們對他有所敬重，其後他常向外交委員會提出外交施政報告，我有幸坐在主席臺旁，聆聽他的雄辯，目睹他的風采，但很少與他有過交談。

五十一年夏，同班好友舒梅生兄，時任外交部條約司幫辦。一天約我到他家晚餐，席間他邀我到外交部工作。年輕時，我有很多夢想，但從未想過做外交官，乍聽之下，我不知如何答覆，但又未便當面拒絕他的好意，衹好託辭說：「讓我回家和內子商量。」我妻任培真知道後，極為贊成。她說：「進了外交部可以出國。」當時國內生活艱苦，大家都想出國，我也感受到政治氣壓低沉，有意乘桴浮於海，就這樣糊里糊塗進了外交部，分在條約司工作。一天中午，我趕著下樓，在轉角處，巧遇沈部長和僑務委員會周書楷委員長一同上樓。沈部長對我說：「是我要你進外交部，並派你在條約司工作，望你好好學習。」當時我一頭霧水，部長怎麼會認識我這個小職員。

沈部長是外交部科班出身，曾任外交部政務次長六年，對部內外業務極為熟習，辦事又極為細心認真，決不輕易放過細節，因而他肆應外交變局的艱辛，以及審閱公文的負擔，日益沉重。這段期間正是國家局勢最艱險的時候，一方面要設法維持與我國友邦的關係，並爭取新興國家與我建交，以確保我在聯合國的代表權，因而他夜以繼日，廢寢忘食，有時工作至凌晨三四點鐘，精力不支時，喝杯咖啡提神，天快破曉，他才回家休息。聽說，一天清晨八時許，老總統信步至外交部查勤，未見沈部長上班，大為不悅。從此之後，沈部長一早就要準時上班，睡眠更是不足，心血耗費，六年下來，他竟因血壓過低，臥病榮總醫院。老總統體念他的辛勞，外放他出任教廷大使。

五十五年十月，我調任駐泰大使館一等秘書，主辦僑務及領務，在彭孟緝大使嚴格要求下，經過兩年多辛勤工作，我對華僑最多的泰國僑社，逐漸有了認識，與重要僑領多已建立良好的友誼。及至五十八年春，沈昌煥大使由羅馬調來曼谷，我對所主管的業務已很熟習。

沈大使履任之初，我陪同他拜會泰華各大僑團。在車行途中，我為他講述各個僑團的概況及僑領們的歷史背景，沈大使聽了很是欣賞。有時他覺得疲累，便邀我一同喝杯咖啡，再繼續拜會行程。

沈大使到任不久，適值時任國防部副部長蔣經國先生以老總統特使身份訪問泰國。五十八年五月十二日中午，蔣特使乘專機抵達曼谷空軍機場，沈大使陪同泰國總理他儂元帥在機場迎接，檢閱三軍儀隊，禮儀壯盛。當晚他儂總理設國宴歡迎，次日拜謁泰王，接著巴博副總理邀請蔣特使一行及駐泰沈大使及館員，同乘海軍軍艦遊覽湄南河風光，前後均有戰艦護航，航行至泰國海軍官校上岸，巴博元帥在該校大禮堂盛宴款待。席間有泰國歌舞助興，巴博夫人起立邀請蔣特使婆娑共舞，象徵著中泰邦誼及人民友情達於峰頂。五月十六日下午，沈大使在曼谷摩天酒樓舉行茶會，邀請泰華僑領百餘人，與蔣特使茶敘。沈大使陪同蔣特使站在門前迎賓，各僑領魚貫入場，由我一一唱名介紹僑領與蔣特使握手寒喧，從中華總會主席黃作明開始，如數家珍，沒有一人錯失。沈大使對我這次表現，事後一再稱揚。實際上，我與泰華僑領每月都有聚會，經過兩年多交往，大家都已成為老朋友了，哪有見面不記得姓名的。當晚泰華各僑團在介壽堂恭宴蔣特使，席開百餘桌，僑胞擁護政府及元首的熱情洋溢，給蔣特使留下了深刻的印象。

六十年一月三十一日，沈大使陪同我國陸軍總司令于豪章將軍，飛往清邁行宮晉見泰王。泰王談及泰北山族生活困苦，特成立「御助泰北山族發展農業計畫」，請我政府支援。

沈大使感於泰王勤政愛民之德意，並為增進我政府與泰國王室間之關係及加強中泰間之友誼，遂向政府建議，予以全力支援。

當時我政府鑒於國軍退除役官兵在臺灣中部山區栽培溫帶果樹績效卓著，爰請輔導會負責進行援助泰王山地計畫。輔導會乃選派福壽山農場副場長宋慶雲先生赴泰實地勘察。宋副場長以兩週時間，乘泰國皇家提供之直昇機，遍飛泰北山區各主要地點，選定位於泰緬邊區之安康，闢為示範農場。我政府旋於當年選送桃、梨、柿、梅等果苗及菜種，由宋副場長親自在安康農場試種，經七個月之開荒耕耘，運來之果苗已栽種成活，十八個月後，「鶯歌桃」即開花結實，不僅為泰北山區種植果樹展開光明遠景，並為中泰友誼播種下永恒的種籽，而今枝葉繁茂，結果纍纍，造福泰北山族。

在泰追隨沈大使工作期間，公私往還，朝夕相處，時受教益，如沐春風。我感到他這時特別和藹可親，他又肯教導部屬，遇事指點處理方法，有時講述辦理外交訣竅，使我這個半路出家的外交學徒，得到他的不少寶貴真傳。煥公才華超眾，善於言詞，不論公開演講或私人談話，無不面面俱到，聽眾皆大悅服。我個人從觀察與感受中，也想學點技末。一次在館務會議中，一位同仁質責證照簽發不夠嚴緊，影響國家安全。我被迫提出辯解，說明承辦人員依章核發證照，絕不敢對國家安全事項有所疏失，詳為解析，僵局為之化解。

煥公對我確有一番錯愛，但我始終不知因何緣故。在有些公私場合中，他常稱道我之長，使我自感愧赧，煥公也明知我之短，但他卻能用我之長，並善予培植，使我這個馬前小卒，能在外交壇坫上為國效力，這是我終生最感念的。

六十年春，外交部人事處副處長杜元方兄，奉派來曼谷考察泰國外交人事行政，公畢向沈大使辭行。沈大使與其談及館內人事，囑其為我安排至英語國家學習。適我國在澳洲布里士班增設領事館，部令派我擔任首任領事。我在澳洲兩年工作期間，常應昆士蘭州民間社團扶輪社、獅子會邀請，講述臺灣經濟發展。我用英語演講，最初恐有錯失，臨場照本宣讀講稿，幾次有了經驗之後，我可隨機應變了。

六十一年十二月二十二日，澳洲政府宣佈與我政府斷交。次年一月中，我下旗閉館攜眷歸國，心中沉痛，莫可言宣。時值沈煥公復任外交部長，派我任條約司副司長。未久，又派我兼任國會秘書，隨侍他左右，出席立法院會議。沈煥公擔任外交部部次長十餘年，肆應國會外交答辯，老練有方，深獲立委們讚賞。立法院又是我的老家，上下人員我都熟識。追隨沈部長這段期間，工作勝任愉快，絕不想外放，離開他遠去。

六十四年七月一日，中泰斷交，兩國為繼續民間交往，雙方協議，各以其航空公司名義，在對方首都互設辦事處，辦理護照簽證事宜。八月二十八日，沈部長在辦公室召見我，派我為駐泰代表。我因在泰有四年多工作經驗，深知泰國外交靈活，僑社複雜，心想我如何能勝此重任。乍然聆悉，我愣住了，不知所對。煥公反應敏捷，他忙改換輕鬆語氣對我說：「你不是喜歡打高爾夫嗎？泰國一年四季，無日不可打球。」我心想你派我去是辦外交，難道要我去打球嗎？當時我深感惶恐，沈部長乃面授機宜，告訴我辦外交要「謀定而後動」。

九月七日，我偕同五位館員飛抵曼谷，經兩天籌備，十日即開始辦理簽證業務。泰華僑領我都認識，開展僑務沒有問題。唯獨在無邦交的情況下，如何開展外交，我確不知從何處著手。兩國有邦交時，一切交涉，均可透過外交部進行。中泰斷交後，泰國外交部與我交往多所顧忌，有意和我疏遠，我到泰之初，無法進泰國外交部大門，洽談公務，那只有另闢門路了。

我乃藉著過去政府支援泰王山地計畫之便，開始與泰國王室交往，友誼逐漸增加。我政府高級官員訪泰，泰國外交部不願出面安排接待，乃請王室接待。泰王聲譽崇隆，他的言行，泰國朝野無人敢表異議。有一次政府派外交部次長楊西崑偕亞太司司長沈仁標訪泰，泰王及皇后在清邁皇宮設宴款接，談至深夜，並安排楊次長、沈司長與我三人，當晚住宿在皇太子寢宮，這是極大的殊榮。後來我與王室人員都熟識了，有一次泰王宴請輔導會主任委員趙聚鈺一行訪泰，趙主任委員被安排坐在國王右邊的首位，同席有奧地利駐泰大使夫婦則敬陪末座，可見兩國縱有正式邦交，尚不如實質關係的重要。

泰國軍人思想多屬反共，且有權勢。我透過各種管道，設法與軍方高級將領交往，其中對我最為友好的，是泰國最高統帥部參謀長堅塞上將，六十六年十月二十五日夜間，泰國發生軍事政變，堅塞為策劃這次政變的核心人物。二十六日清晨，堅塞電召我到統帥部他的辦公室內面商要公，我赫然見到政變主將曼谷首都衛戍司令第一軍軍長育上將，他因通宵調兵遣將一夜未眠而現時仍躺睡在堅塞辦公室的地板上。當時局勢仍很緊張，堅塞顯得鎮定自若，具有充分信心。他告訴我政變已經成功，為清除泰共勢力，他詢問華僑親共分子的活動情形。我為維護僑社安寧著想，說明華僑在泰多為謀生，很少參與政治活動，他們僑居泰國，不能不順從泰國政府的意向，現今泰國政府與中共建交，泰華僑社自然隨之向左，僑報中自不免會為共黨宣傳。堅塞上將處事果斷明快，立即下令關閉泰國所有親共的中泰文報紙雜誌。華文日報中被關閉的有星暹日報幾家，星暹日報是星系報社，立場尚屬中立，這次受到池魚之殃。社長李益森是胡文豹的快婿，在曼谷社交圈中極為活躍，他乃商請英國駐泰大使向堅塞上將說情，准許該報復刊。堅塞又來徵詢我的意見，因李社長是我多年朋友，為求圓滿解決問題，我建議堅塞，指示李社長，由其自行免去報社中左傾職員後，即可恢復出報。堅塞掌權後，與我交往更為密切。堅塞喜好烹飪，有時邀我家宴，他親自下廚，做出一手好菜。他在每道菜中，都加添極品白蘭地，味道鮮美。六十八年五月，堅塞出任泰國總理後，中泰友誼益加敦睦。他應我方之請，在內閣會議中通過，將我駐泰機構名稱，由「中華航空公司代表處」，升格為「駐泰國商務處」。一天晚上，堅塞總理與我閒談，無意間透露，他從日方得知，美國將於半年後與中共建交。我將此一重要訊息，用密函報告沈部長。我想他得知後，自會預作因應。及至年底美國突然宣佈與我斷交，各方責難紛至。沈部長從不為自己功過辯解，甘願為國家忍辱，代領袖受謗，一肩負起政治責任，引咎辭去外長職務。他這政治家的風範，深獲兩位蔣總統的賞識，未久轉任國家安全會議秘書長。民國七十三年調任總統府秘書長，翊贊總統處理政務，續為外交政策貢獻心力。

我自知才學平庸，又拙於言詞，其所以能獲任駐泰代表，實乃謬承沈部長栽培之德意。故我履任之初，即竭盡心力，開展與泰國朝野之關係。深恐因個人有何疏失，而有傷煥公知人之明。經過三四年的努力，我與泰國政府各部高層官員多已建立良好友誼。六十八年八月中旬，全國各大專教授訪問團，由戴東雄教授領隊抵泰訪問。他們訪問東南亞各國後，回國所提出的報告，對訪泰行程最感滿意，並推崇我在泰國之成就。蔣經國總統甚為重視教授們的意見，指示外交部，召我回國，面予嘉獎。沈部長知悉後，也表欣慰。

我任駐泰代表達十四年之久，中泰邦誼益臻敦睦，僑情更加融洽，但仍不免有人訾議，甚有不明情況的人，說沈部長任用私人，指我是沈氏家人。沈煥公任駐泰大使時，即曾有此詆毀。有一次他在非正式場合中聲明，泰館職員中，雖有五位姓沈的，但都不是一家人，與他沒有任何親屬關聯。可是迄至我自外交部退休，仍然有人問我是沈煥公家甚麼人？煥公任外交部部次長先後達二十年之久，經他一手培植提拔的人才甚多，現今仍在政府各部門中擔任重要職位，為國家前途在打拼。

中華民國政府自三十八年撤至臺灣，迄今已達半個世紀。政府外交工作，可以劃分為兩個階段。六十一年以前，政府外交重要任務，在維護我國在聯合國的代表權，達二十三年之久，其間所經歷之艱辛折衝，誠屬不易。政府退出聯合國之後，各國與我紛紛斷交，這時政府外交主要任務，在開展與各國的實質的關係。在中共強大的壓力之下，我政府現在世界上百多個國家中，均設有辦事處，與當地政府維持著良好的友誼，對我國的經貿發展有莫大助

社尼巴莫親王（中）訪華，受到兩位前任駐泰大使沈昌煥（左一）與馬紀壯（右一）熱烈歡迎

益。在此國勢困頓期間，身負外交重任的沈煥公，為開創對外關係，其身心所受的折磨煎熬，不言可喻。但他所表現的風範，是捍衛國家尊嚴的一位勇者，也是開創國家前途的一位智士，光風霽月，無憂無懼，給世人留下美好的形象。

附錄一、儒將風裁鄭為元

一、訪問泰國圓滿成功

十幾年前，聽說鄭為元將軍曾經住院，誤診為癌症開刀，迄未收口，給他生活上帶來很大不方便。可是我看他平日辦公開會，甚至在高爾夫球場上打球，毫無一點妨礙，私心竊以為喜。一九八三年（七十二）年初，鄭為元時任退除役官兵輔導會主任委員，率團訪問泰國，每日行程繁忙，受到泰王隆重禮遇，朝野熱烈歡迎，離泰前夕，泰國鄉村童子軍在春府海濱，舉行盛大營火會歡宴，賓客千餘人，載歌載舞，氣氛極為熱烈，鄭將軍週旋其間，興致甚高，直至午夜始返旅邸。當時宋武官中祁兄對此安排大表不滿，恐怕將軍體力不勝，我內心亦感歉然，覺得未能事先顧及鄭將軍身體。但是訪問期間從未見他有絲毫倦容，安安詳詳訪問圓滿成功。

民國八十一年聽說他住進榮民總醫院，又不免為他健康躭心。我去探視，見他並無病容，依然談笑親切。他告訴我說：醫師檢查他大腿上一條血管不太流暢，需用氣球打通。第二次我去看他時，適值他的小孫兒從洛杉磯打來長途電話，他問長話短，面上充滿喜悅，病室中散佈著溫馨氣息，不久他就出院了，過了幾天還接到他一封謝函，我覺得他對人太週到了。

數月後，聽說他又住進榮總醫院，我迫不及待去看他，他的氣色還好，心情沒有往常平和。醫師認為他白血球過多，需要不斷注射紅血球補充。他伸出手臂顯示有許多針孔，我也不願多問他的病情。後來我每隔幾週就去看他一次。有時他在早餐，有時醫師前來診斷，我都不敢久留。一天下午，我去看他時，用手摸他前額，確實有點熱度，護士前來為他量溫度，我趕忙告退。那曉得這就是最後一次晤談。

八月四日早晨，我聽到廣播，總統府資政鄭為元將軍已於昨晚病逝，我忙翻閱報紙，證實了這項消息，不禁感到悲傷。獨自跑到榮總醫院，鄭資政已自思源樓病室，移至懷遠樓冰庫。榮總員工正在為他佈置靈堂。他們為我開啟冰庫，我走到鄭資政靈前，深深地行了三鞠躬，默然地退了出來，心中有說不出的沉痛。我慢步走上榮總醫院的後山，漫無目標地在山間徘徊，眺望藍天白雲，腦海中仍在思念鄭資政的英影。

二、受到孫立人的重用

想到四十年前我初見鄭為元時，他剛從駐義大利武官調回國。我在陸軍總部任秘書，他來拜見孫立人總司令。我見這位少將英姿煥發，舉止溫文爾雅，引起我內心欽羨，我遂過去和他攀談。聽他一口鄉音，詢問之下，乃知是合肥同鄉。近百年來，淮軍興起，合肥出過許多武人，但我從未見過這樣一位文質彬彬的儒將。我由衷心的仰慕，自然地與他親近交往，一直視他為自己兄長一樣，四十多年來，得到他許多愛護與幫助，使我終生受惠匪淺。

孫總司令立人和他談話之後，見他一表人才，對他深為愛重，立即任命他為陸軍總部第五署署長，時當大陸部隊撤退來臺，多為殘破疲憊之師，部隊的整編與訓練最為重要。而第五署主管陸軍部隊教育與訓練，從計劃的擬訂、教材的編纂、步兵操典的修改、各兵科學校的重建以及部隊訓練方法的改進與督導，一切規章都要從頭策劃。鄭為元主持此項繁重工作，有條不紊，雖然孫總司令對部隊訓練要求極為嚴格，偶然發現部隊訓練有不妥的地方，立刻找鄭署長面談。鄭署長每次都從容不迫，應對有方，問題一一獲得解決。孫立人個性剛強，自信對陸軍有一套訓練方法，獨行其是，常與國防部發生齟齬，其間多賴鄭為元居中協調，使國軍整編工作順利進行。

三、鐵嘴相面前程遠大

記得有一天下午，陸軍總部五位署長在南部開會，會後聚在一起談天。第二署署長空軍少將林文魁，善觀氣色面相。他指著鄭為元將軍說，在我們五位署長之中，鄭署長將來最有前途。當時我在場聽到這話，認為他在逢場說笑。事後證實，他真是鐵嘴神仙，給他完全說對。

民國四十二年初，三軍大學在臺北重建完成，開始招訓學員。陸軍總部保送鄭署長前往受訓，畢業時，鄭為元名列第一，獲得老總統蔣中正賞識，特為擢拔，調升第五軍第十四師師長，駐防金門。時胡璉任金門防衛司令，愛重鄭為元才華，旋調升金門防衛司令部參謀長。此時鄭為元遷居金門防衛部設在碧潭附近眷村，一個星期假日我去拜會他，他待我親切如故，閒談多時。臨別，他堅持要親自駕車送我，當時我覺得他難得有機會從金門回家渡假，其殷情如此，我深感不安。

自是之後，他昇遷得非常的快，而且步步都是理想的職位。軍中分隊職官與參謀官二大系統，一人能在這兩方面都能登峰造極，殊不多見。鄭為元在隊職方面，除任排、連、營、團、師長，續任陸戰隊司令，兵團司令，陸軍副總司令，聯勤總司令，警備總司令、國防部副部長、部長。在參謀官方面，他對軍中人事、情報、訓練、作戰、後勤業務無不精通，他曾任駐美、義兩國武官、陸軍總部主管訓練的署長，金門防衛部參謀長，國防部主管作戰的第三廳廳長，國防部主管人事的參謀次長，副參謀總長兼執行官。在國軍現有將領中有如此完備的資歷，尚難找到第二人。在他歷任的軍職中，全心全力犧牲奉獻，均有卓越的貢獻。尤以在任陸戰隊司令時，擔任國慶閱兵大典指揮官，指揮校閱部隊從容鎮定，有大將之風，給國人留下深刻印象。

民國五十六年，立法院有意調我至外交委員會擔任秘書，因為當時國軍中尚無退離制度，我想從軍中轉任文職，幾無辦法可想。此時鄭為元正在擔任主管人事的參謀次長，我不願直接請他幫忙，怕給他增添困難，祇好商請立法院王靄芬、李秀芬兩位委員去見參謀總長王叔銘將軍，請求特准調用。一天下午我正在伏案為此事苦惱，電話鈴響，鄭為元親自告訴我說：「你的調職公文已經批准。」這是我生命中的轉捩點，鄭為元暗中給我的幫助，使我終生難忘。

四、支援泰國農業開發

民國七十二年，我赴美探親回國，與李國鼎資政同搭一班飛機。我向李資政報告退除役官兵輔導會支援泰國山區農業開發計劃，選派專家深入泰北荒野山區，教導山地人民種植蔬菜水果，十餘年來，現已開花結實，改善了山地人民的生活，而且蔬果代替了罌粟，獲有顯著成效。李國鼎聞悉大悅，認為此事應該廣為宣揚，讓西方反毒人士知

一九八三年退輔會主委鄭為元（右五）訪問泰國，在清邁皇宮晉見泰王及王后，右四為沈克勤

道我國農耕隊辛勤耕耘的成績。抵達國門，我去報告鄭為元主委，他立即指示退輔會編印一本精美的「中華民國協助泰王陛下北部山地農業十二週年工作報告」書，還拍攝了一部泰北山地農業開發計劃紀錄片，我運用這兩項資料，在泰國廣為宣傳，使泰國朝野人士改變了對我國的形象，並提昇了中泰兩國間的友好關係。民國七十三年十一月，李國鼎到曼谷參加麥格塞塞得獎人會議，我送他一本泰北山地農業開發報告書，他看後非常高興，並拿這本書在會中向各國代表宣揚。

一九八五年（民七十四年）泰北山地農業計劃獲頒麥格塞塞獎，泰王派畢沙迪親王前往馬尼拉領獎，我認為這份榮譽實應歸功予鄭為元主委與他領導的輔導會在泰北山地工作人員。

五、培植果樹代替鴉片

一九八四年（七十三年）二月，鄭為元主委再度訪泰，應泰王邀請至清邁一同視察我農業專家開闢創設的皇室安康農場，見到桃李成林，花草如茵，原是一個荒野山區，竟成為泰北觀光名勝之地，泰王看到他的理想，以果樹代替鴉片的計劃獲得實現，深表滿意與感激。當天晚上在皇宮設宴歡迎鄭主委一行人員，這次鄭為元主委特地帶來一位名廚，專用竹筍做了幾樣中國菜，請泰王暨皇后品嚐，他們從不知道竹筍做菜有如此脆嫩鮮美，遂要求我農業專家在皇家安康農場試種我國孟宗竹及冬筍。次日泰王派了一架直升飛機，由畢沙迪親王陪同鄭主委，飛往泰北邊區，察看我國滯留在此的雲南難民，當飛抵泰寮交界的帕當難民村，許多難童排隊迎接。鄭主委看到在山巔戍守的士兵，竟是我國流落在異域的官兵，幾十年來他們第一次見到他們的大家長鄭為元主委前來探訪，都感到驚喜與興奮。鄭主委親切的慰問，看到他們仍然過著原始的生活，心為之動，當即指示隨行的輔導會官員，今後增派農業專家至泰北各難民村，教導他們種植果樹，開發山林。今日泰北各難民村的難胞生活有了很大的改善，實拜鄭為元主委之恩賜。

六、領導體協成績卓越

鄭為元訪泰期間，我聽說蔣經國總統要他兼任全國體育協會理事長，當時我為他健康著想，勸他不要接受，因為退輔會的工作已經夠忙了，體育界糾紛又多，他實不宜再多兼任。他說：「我曾向蔣經國總統堅辭，他認為就是因為體育界糾紛多，需要我去解決，而且總統認為非我莫屬，我祇有硬著頭接下體協的棒子。」全國體協在鄭為元領導之下，不但風平浪靜，而且突破重重困境，使我國重新參加世界奧運會，進入國際各單項運動比賽，且有驚人的卓越成績。

我與鄭為元將軍交往四十餘年，最使我心儀讚佩的，就是他那雍容的氣度。過去他所擔任的職位，無一不是艱鉅繁忙的工作，可是我從未看到過他有忙迫不耐的樣子。我曾問過他左右親近的人：像鄭為元將軍做事素來縝密細緻，待人周到體貼，歷任要職，他如何能做到

右起鄭為元將軍與沈克勤代表合影

這樣舉重若輕，悠閒自如？我也親自問過鄭將軍本人，但都沒有得到滿意的答覆。我想他是克己以待人，與人交往，儘量尊重他人，一切工作留給自己帶回家去深夜趕工，不然，他哪有那樣多的時間來周旋肆應呢？

治喪會於八月二十六日假臺北市第一殯儀館景行廳舉行鄭資政為元將軍公祭典禮。我撰擬一副輓聯：「緯武經文，儒將風裁垂典範；持躬待物，雍容氣度倍堪思。」以表達我衷心的懷念與哀思。

附錄二、追思溫哈熊將軍

一、中國駐聯合國軍事代表團團員

溫哈熊於民國十二年誕生於哈爾濱，他的父親應星公在東北做官，給他起個名字叫哈熊。他曾在上海讀過光華大學附中，赴美念過印地安那大學及哈佛大學，後來轉學維吉尼亞軍校，畢業正值抗戰勝利，應徵擔任中國駐聯合國軍事代表團團長商震將軍的隨從參謀。商將軍是中國名軍事家，學養深厚，講究儀表服飾，皮鞋要擦的明亮。哈熊甫完成美國嚴格軍事訓練，青年英俊，軍人動作標準。他們連袂出席會議，舉止言談，受到美、英、蘇、法四強與會將領的敬佩與讚賞。享譽壇坫，為國爭光。

二、行政院何應欽院長秘書

歸國應行政院院長何應欽將軍聘請擔任隨從英文秘書，正值大陸動亂，他追隨敬公左右，歷盡艱險危難。播遷來臺，曾隨敬公出席世界道德重整會議，會中倡議世人道德要有四個絕對標準，哈熊為人「絕對誠實」，可以當之無愧。

敬公深愛其才，將他推薦給時任陸軍總司令孫立人將軍。孫將軍認為這位學弟想要在軍中發展，必須先下部隊磨練，任命他當砲兵營長。與士兵共甘苦，才能帶兵打仗。後來美國軍事顧問團來臺，需要英語聯絡人才，遂將其調任陸軍總部聯絡官室主任，參與建軍保臺工作。

三、國民大會洪蘭友秘書長快婿

一天，孫將軍命我與攝影官羅超群代表他去臺中參加明日哈熊婚禮，我倆連夜從鳳山乘火車趕至臺中，清晨去菜市買鮮花，中午參加婚禮致賀。到達禮堂，方知女方家長是當時聞人國民大會秘書長洪蘭友先生。洪家長女洪娟在美學成歸國，為女擇婿，哈熊雀屏中選。婚禮選在臺中舉行，為的是不要打擾親友，而聞訊前來參加的女方貴賓多至百餘人，男方僅有我們三人，另一位是哈熊軍校同學鄭學遂。婚宴餐桌佈置成馬蹄形，新郎新娘分坐兩端，禮成，新郎駕車攜新娘共赴日月潭，歡度蜜月。這一情景，我的記憶迄今猶新。

四、孫立人隨從參謀

民國四十三年七月一日，陸軍總司令孫立人將軍調任總統參軍長，哈熊任隨從參謀，跟著進入總統府。四十四年八月一日，孫案發生，哈熊被困在臺北市南昌街孫公館失去自由，與孫將軍共患難。後由其岳父援救，回到陸總任聯絡官，並在軍官外語學校教授英文。他受此影響，沉潛了一段時日。

事後他跟我說：孫案暴發，全國震驚，而大將軍究與常人不同，不憂不懼，家居生活一切照常。晚餐後，他到庭院散步，看守他的憲兵都感羞愧，有意走避，不敢正視孫將軍一眼，而他仍矢忠不二。

五、蔣經國院長辦公室副主任

民國六十一年蔣經國先生組閣，要在軍中物色一位英文秘書，哈熊是不二人選，調其任行政院院長辦公室副主任，曾隨蔣院長訪美。蔣院長出席紐約演講會時遇刺，哈熊貼身護衛，院長感其忠。蔣院長與美國官員會談，由哈熊擔任口譯，流暢明確，院長愛其才。蔣院長出席各地僑社公宴講話，哈熊用臺山話口傳，受到美國僑胞熱烈歡迎。經此行程，蔣院長發覺到哈熊是一位才德兼備的幹練之才。

六、駐美軍事採購團團長

未久，蔣院長任命哈熊為我國駐美軍事採購團團長，常駐華府，負責向美採購三軍武器裝備。由於他認識許多五角大廈內的美軍高級官員，信息靈通，不僅為國軍購買到最先進的精良武器裝備，而且為國家節省甚多公帑。他潔身自愛，奉公守法，非份之財，一文不取。

而且下令將過去向美國採購軍品的什一佣金陋規，明文規定全部上繳國庫，並向美方交涉成功，我方所有採購軍品金額，無需預先一次付清，而可分期付款，餘款留存銀行，為國家賺取大量利息。哈熊在美軍事採購方面的貢獻，獲得中美雙方的讚賞。

經國先生在行政院長任內，大力推行十大建設及擴建國營事業，全國需要向美採購大量器材設備，原由設在紐約世貿大廈內的經濟部採購團負責，後來蔣院長下令交由哈熊兼管，他懇辭不得，祇好分身，一星期內，三天在華府，三天在紐約辦公。他家住在華府，隻身前往紐約辦公，原可寄宿旅館，由公費開支，他卻借住友人處，不費公帑一文錢，這樣潔身自愛的公僕，現今少有。

六十九年聖誕節期間，我偕家人赴華府度假，應邀住哈熊家中，受到他夫婦熱情款待。哈熊親自駕車，陪我們參觀國會大廈，為我們講解美國參眾兩院運作情形。繼至郊外華盛頓故居，為我們講述美國開國戰史。次日要其女公子陪我們前往白宮參觀，子玲為我們講解內部各項設施，甚為詳盡。後來我們又到紐約觀光，哈熊陪我們逛世貿大樓，到他的辦公室參觀，遠眺自由女神像，展現美國人民熱愛自由的傳統精神。老友重聚，敘舊情深。

七、聯勤總司令

七十三年，經國先生當選總統，為要建軍建國，電召哈熊回國述職。抵臺次日，令其隨同赴金門視察，當天晚間，面告哈熊，要其接任三軍聯勤總司令，晉升上將。哈熊履任之

沈代表（左）陪同聯勤總司令溫哈熊將軍（中）拜會泰國陸軍總司令昭華立上將（右）

初，深感責任重大，竭智盡忠，為國軍建立完備的後勤制度。朝乾夕惕，督率部屬，研究發展製造武器彈藥，辛勤惕厲，績效顯赫。

民進黨初起，用盡各種卑劣手段，污衊政府高級官員聲譽，藉以打擊國民黨。有人憑著想像，認為駐美採購團是一肥缺，溫將軍過去主其事多年，一定收受不少好處，竟公然誣指哈熊是什一先生。而哈熊為官一生絕對清廉，對誹謗其人格的攻訐，絕不忍受，乃訴諸公堂，法院終於還給他清白。

七十五年十一月十日，溫總司令奉命出訪友邦，首站抵達泰國，對於他夫婦連袂來訪，我事前作了周詳的安排。他們下榻世界聞名的東方旅館，當晚由泰國陸軍副總司令披集上將設宴歡迎。他們兩人都是美國著名軍校畢業的傑出將領，惺惺相惜，晤談甚歡。次日上午，我陪同溫總司令至泰國陸軍總部拜會軍事強人昭華立總司令。兩人在會晤中，商談中泰雙方建立軍事後勤相互支援機制，將對中泰邦誼有所增益。

綜觀哈熊一生歷程，他生逢亂世，所經歷的旅程，堪稱平順。他的父親應星公曾任國父孫中山先生秘書及北京清華大學校長，他家父子三代都是維吉尼亞軍校校友，傳為佳話。他追隨過的四位長官，都是歷史名人，對其愛護備至。他歷任軍中要職，對國家貢獻厥偉。他的夫人洪娟嫂，溫婉莊麗，相夫教子，同心同德，扶持其一生的賢慧內助。近年哈熊病倒，娟嫂日夜侍奉湯藥，期能稍慰夫婿病痛。他的愛子子儉回國在高科技公司任職，他的女兒子玲是美國名校朱莉亞音樂學院高材生，回國在高校任教。愛婿丁守中歷任立法委員，活躍政壇，深受選民愛戴，哈熊退休後，居家子孫繞膝承歡，安享福樂，而今走完了美滿的一生。

九十六年八月十八日，親友為溫將軍舉行告別式，遺體安葬五指山公墓。原址是國防部高爾夫球場，因風大雨多，很少人前往揮桿，逐漸荒廢。在溫將軍任聯勤總司令期間，建議改為國軍公墓，使終老將士有一安息之所。而今衹剩下一座上將墓穴，溫將軍棲身其間，與昔年袍澤，比鄰相處，永享安息。

國家圖書館出版品預行編目資料

從牧童到外交官

沈克勤著. – 初版. – 臺北市：臺灣學生，2012.08
面；公分
ISBN 978-957-15-1568-7 (平裝)

1. 沈克勤 2. 外交人員 3. 臺灣傳記

783.3886　　101014645

從牧童到外交官

著作者：沈克勤
出版者：臺灣學生書局有限公司
發行人：楊雲龍
發行所：臺灣學生書局有限公司
臺北市和平東路一段七五巷一一號
郵政劃撥戶：〇〇〇二四六六八號
電話：（〇二）二三九二八一八五
傳真：（〇二）二三九二八一〇五
E-mail: student.book@msa.hinet.net
http://www.studentbook.com.tw
本書局登記證字號：行政院新聞局局版北市業字第玖捌壹號
印刷所：長欣印刷企業社
新北市中和區永和路三六三巷四二號
電話：（〇二）二二二六八八五三

定價：新臺幣四〇〇元

二〇一二年八月初版

78303

ISBN 978-957-15-1568-7 (平裝)